D1753497

FRIEDRICH SCHILLER
SCHÖNE BRIEFE

Friedrich Schiller. Ölgemälde von Johann Friedrich August Tischbein, 1805.

FRIEDRICH SCHILLER
SCHÖNE BRIEFE

Herausgegeben von Norbert Oellers

DuMont

INHALT

Die ersten Seitenzahlen beziehen sich jeweils auf die Facsimilia, die zweiten auf die Transkriptionen und Erläuterungen.

Einleitung 7

1 An Christian Daniel von Hoven, 15. Juni 1780 15 / 151
2 An Herzog Carl Eugen von Württemberg, 1. September 1782 21 / 155
3 An Henriette von Wolzogen, 28. Mai 1783 27 / 158
4 An Ludwig Ferdinand Huber, Christian Gottfried Körner, Dora Stock und Minna Stock, 7. Dezember 1784 33 / 160
5 An Charlotte von Lengefeld, etwa 16.–20. März 1788 39 / 164
6 An Caroline von Beulwitz, 25. Februar 1789 43 / 166
7 An Christian Gottfried Körner, 24. Mai 1791 49 / 169
8 An Christian Gottfried Körner, 5. Mai 1793 53 / 172
9 An Johann Wolfgang von Goethe, 23. August 1794 59 / 175
10 An Herzog Friedrich Christian von Schleswig-Holstein-Augustenburg, 4. März 1795 69 / 179
11 An Johann Friedrich Reichardt, 3. August 1795 75 / 181
12 An Elisabetha Dorothea Schiller, 19. September 1796 81 / 184
13 An Amalie von Imhoff, 17. Juli 1797 91 / 188
14 An Johann Wolfgang von Goethe, 27. Februar 1798 97 / 190
15 An Johann Wolfgang von Goethe, 11. Dezember 1798 103 / 192
16 An Johann Friedrich Cotta, 5. Juli 1799 107 / 194
17 An Herzog Carl August von Sachsen-Weimar-Eisenach, 1. September 1799 113 / 197
18 An Charlotte von Schimmelmann, 23. November 1800 119 / 199
19 An Christoph Martin Wieland, 17. Oktober 1801 129 / 203
20 An Christophine Reinwald, 24. Mai 1802 133 / 205
21 An Johann Wolfgang von Goethe, 22. Februar 1805 137 / 207
22 An Christian Gottfried Körner, 25. April 1805 143 / 209

EINLEITUNG

Fast zwei Jahrzehnte nach Schillers Tod machte sich Goethe daran, seinen Briefwechsel mit Schiller zu ordnen und ihn, behutsam redigierend, für den Druck vorzubereiten. An Wilhelm von Humboldt schrieb er am 22. Juni 1823, er habe Schillers Briefe »gesammelt« und bei der Lektüre »die schönsten Spuren unseres glücklichen und fruchtbaren Zusammenseyns« gefunden; und es habe sich »mit jedem Briefe [Schillers] die Verehrung des außerordentlichen Geistes, die Freude über dessen Einwirkung auf unsere Gesammtbildung« gesteigert. »Seine Briefe sind ein unendlicher Schatz [...]; und wie man durch sie bedeutend vorwärts gekommen, so muß man sie wieder lesen, um vor Rückschritten bewahrt zu seyn [...].«[1] In einem Brief an den preußischen Staatsrat Christoph Ludwig Friedrich Schultz, mit dem er seit 1814 in lebhafter Verbindung stand, schrieb Goethe am 3. Juli 1824, er habe nun von der Familie des Freundes auch seine eigenen Briefe erhalten, »die ich nun mit seinen, gleichfalls heilig aufgehobenen Briefen und Blättern in einander arbeite [...], aber im innern und selbstständigen Werth kommen sie den Schillerischen nicht bey; er war geneigter zum reflectiren über Personen und Schriften als ich, und seine höchst freyen brieflichen Äußerungen sind als unbedingter augenblicklicher Erguß ganz unschätzbar.«[2]

Auch gegenüber anderen Korrespondenzpartnern hat Goethe in jenen Jahren davon gesprochen, daß er Schillers Briefe mit Bewunderung wiederlese; er bezeichnete sie etwa in einem Brief an Cotta »als den größten Schatz, den ich vielleicht besitze [...].« Und er fügte hinzu: »Die Klarheit und Freyheit der Handschrift besticht schon [...].«[3] Goethe war überzeugt: der Briefwechsel werde »eine große Gabe seyn, die den Deutschen, ja ich darf wohl sagen den Menschen geboten wird.«[4]

Der in den Jahren 1828 und 1829 schließlich erschienene Briefwechsel mit insgesamt 971 ›Stücken‹ (die im Laufe der Zeit um 45 vermehrt wurden) ist in der Tat ein Dokument nicht nur der Freundschaft zwischen den Weimarer Klassikern, sondern auch ein literarisches Werk ganz besonderer Art, in das sich die poetischen Arbeiten der beiden Partner ebenso ›abgedrückt‹ haben wie ihre literaturtheoretischen Bemühungen und ihre bemerkenswerten Ansichten über den Lauf der Welt, über Natur und Kultur, über eigene Zustände und gesellschaftliche Verhältnisse. In der Geschichte der deutschen Literatur ist die Korrespondenz nicht nur beispiellos, sondern auch als wichtigster Kommentar zur Literatur jener Zeit unvergleichbar; an ihrem Rang wird sich nichts ändern, obwohl es auch in Zukunft (wie seit 1829) nicht an Kritikern fehlen wird, die dem verbreiteten Lob ihr einschränkendes »Ja, aber« oder, wie es weiland August Wilhelm Schlegel getan hat, ihr schroffes »Nein« entgegenhalten.[5]

Schon vor 1829 waren etliche Briefe Schillers an die Öffentlichkeit gelangt, vereinzelt in Zeitungen und Zeitschriften, zusammenhängend in größerer Zahl solche an den Dresdner Freund Christian Gottfried Körner, die dieser – meist in gekürzter Form – seinen »Nachrichten von Schillers Leben« (1812) einverleibt hatte[6], danach (1819) die Briefe an Heribert von Dalberg, den Intendanten des Mannheimer Theaters, aus den Jahren 1781 bis 1785.[7] 1830 publizierte Wilhelm von Humboldt seinen Briefwechsel mit Schiller[8], im selben Jahr erschien (anonym) Caroline von Wolzogens Biographie ihres Schwagers[9], in der die Verfasserin vor allem von Briefen, die Schiller ihr und ihrer Schwester Charlotte von Lengefeld geschrieben hatte, eifrigen Gebrauch machte – nicht immer Geist und Buchstaben der Vorlagen respektierend.

Schillers Popularität, die bis etwa 1870 in Deutschland größer war als die jedes anderen Dichters, führte dazu, daß die überlieferten biographischen Zeugnisse, vor allem seine Briefe, vom Publikum begierig aufgenommen wurden; sie erschienen in rascher Folge: die Briefe an August Wilhelm Schlegel (1846)[10], ein Jahr später der Briefwechsel mit Fichte[11] und der fast vollständige Briefwechsel mit Körner.[12] Die Familienbriefe schlossen sich an (1856, 1859, 1875)[13] sowie Schillers Geschäftsbriefe (1875)[14]; und schließlich, 1876, kam auch der letzte der großen Briefwechsel heraus, der, den Schiller mit seinem Verleger Johann Friedrich Cotta geführt hat.[15] Eine kritische Ausgabe aller erreichbaren (gedruckten und, zum geringen Teil, ungedruckten) Briefe Schillers brachte gegen Ende des Jahrhunderts Fritz Jonas heraus – 2079 Briefe in sieben Bänden.[16] Im 20. Jahrhundert wurden noch etwa 140 weitere Briefe aufgefunden und publiziert.[17] Ob 300 oder 500 oder 800 oder noch mehr von Schiller geschriebene Briefe für immer verloren gegangen sind, läßt sich nicht einmal schätzen.

Wären von Schiller nur seine Briefe überliefert – sie wären es wohl wert, als Dokumente eines ungewöhnlichen Lebens bewahrt zu werden. Sie lassen einen Menschen erkennen, der ohne Verstellung zeigte, wer und was er war, als Sohn und Freund, als Liebender und Familienvater, als kalkulierender Geschäftsmann und diplomatischer Bittsteller, als energischer Kritiker und scharfsinniger Beobachter von Welt und Menschen, nicht zuletzt als reflektierender Schönheitslehrer und natürlich als – Dichter.[18]

Schiller war in hohem Maße kommunikativ, interessiert an seinen Partnern und an der Darstellung seiner selbst. Dabei benutzte er besondere Situationen und Ereignisse in der Regel, um sie mit Überindividuellem, mit allgemeinen Problemen und Zukunftsaussichten zu verknüpfen. Herzensangelegenheiten, Empfindungen, Stimmungen und häusliche Verhältnisse hat Schiller zwar nicht (anders als das weite Feld der ihm fremden Natur) ausgespart, aber kaum je zum wichtigsten ›Gegenstand‹ einer brieflichen Mitteilung gemacht. Sogar die häufigen Berichte über seinen fatalen Gesundheitszustand hat er weitergeführt, da sie Anlaß gaben zu Fragen nach den Folgen: Wie kann das begonnene Werk fortgesetzt werden? Wie ist dem Ausgang aus dem Leben zu begegnen? Und seine Kondolenzbriefe nach dem Tod von Vater und Mutter bestätigen dies: Der Sohn beklagt nicht nur den Verlust, sondern stellt sogleich Überlegungen an, wie was zu regeln sei. Er wollte mit sich im reinen sein. Und er säumte nicht, Gelegenheiten zur Selbstvergewisserung und -behauptung zu nutzen, wann immer sie sich ihm boten.

Wilhelm von Humboldt hat in der Einleitung zu seinem Briefwechsel mit Schiller bewundernd von dessen »Dichtergenie« gesprochen, das »auf das engste an das Denken in allen seinen Tiefen und Höhen geknüpft« gewesen und »ganz eigentlich auf dem Grunde einer Intellectualität« hervorgetreten sei, »indem er jede Dichtung so behandelte, daß ihr Stoff unwillkürlich und von selbst seine Individualität zum Ganzen einer Idee erweiterte.« So sei es auch im Gespräch, »für das Schiller ganz eigentlich geboren schien«, gewesen. Und weiter: »Auch seine Briefe zeigen dieß deutlich.«[19]

Schiller war ein sehr ungeduldiger Mensch, der Konflikte nicht scheute, diese aber stets für sich aufs schnellste lösen wollte, um in seiner Produktivität nicht gehindert zu werden. Von dieser Produktivität, die auch in Zeiten körperlicher Hinfälligkeit kaum je ganz erlahmte und von der Goethe mit beinahe fassungslosem Staunen berichtet hat[20], legen auch seine Briefe ein beredtes Zeugnis ab. Nicht selten schrieb er, wie sein zuweilen sorgfältig geführter Kalender zeigt, an einem Tag eigenhändig fünf oder mehr Briefe, und fast alle, die bekannt wurden, sind ›substantiell‹, also keine rasch hingeworfenen Allerweltsmitteilungen. Und daneben wurde an denselben Tagen anderes geschrieben: ein Gedicht oder einige Dramen-Verse oder ein paar Abschnitte einer ästhetischen Abhandlung. Schiller war, wie vielleicht kein anderer deutscher Schriftsteller, ein ›Workaholic‹, dessen Rastlosigkeit, wie Goethe für gewiß annahm[21], den frühen Tod des Freundes herbeigeführt habe.

»Schöne Briefe«, 22 an der Zahl, also ziemlich genau ein Prozent des Überlieferten, präsentiert das vorliegende Buch in Nachbildungen der nicht immer in gutem Zustand erhaltenen Handschriften. Es sind Briefe, die Schiller in ganz verschiedenen Lebenssituationen zeigen: als noch Eingesperrten in der »Miltärakademie« des württembergischen Herzogs Carl Eugen, in der Attitüde eines lebensmüden Jünglings um den Tod eines Mitschülers trauernd (Nr 1); als auftrumpfenden Jungdichter, der seinen Landesherrn um Recht bittet (Nr 2); als Liebenden im Asyl (Nr 3); als diplomatisch taktierenden Günstling ferner Bewunderer (Nr 4); als Freund zweier Schwestern (Nr 5 und 6); als lebensbedrohlich Kranken (Nr 7); als geschäftigen Dichter (Nr 8); als Begründer des Freundschaftsbundes mit Goethe (Nr 9); als Geld mit Geist dankbar zurückzahlenden ›Stipendiaten‹ (Nr 10); als Erfolg suchenden Herausgeber, der von der Französischen Revolution nichts zu wissen vorgibt (Nr 11) – und so weiter.

»Die Klarheit und Freyheit der Handschrift bestichst schon [...]«.[22] Dies macht fast alle Briefe Schillers schön. Zur Schönheit, wie sie hier gemeint ist, gehört auch ihr Inhalt, der fast immer der Handschrift entspricht; er ist klar und zeugt von einem freiheitsbeseelten, realitätszugewandten außergewöhnlichen Menschen, Dichter und Denker. Es mag diese Außergewöhnlichkeit sein, die Walter Benjamin davon abgehalten hat, in seinen 1936 veröffentlichten Band »Deutsche Menschen«, der 26 Briefe aus dem ›bürgerlichen Zeitalter‹ (von 1783 bis 1883) enthält, einen Brief Schillers aufzunehmen.

Die 99 Prozent der hier nicht versammelten Briefe[23] werden auch im dritten Jahrhundert nach Schillers Tod seinen Freunden Freude machen und könnten einige seiner Gegner zu seinen Freunden machen.

1 Goethes Werke [Weimarer Ausgabe (= WA)]. Abt. IV. Bd 37. Weimar 1906. S. 92.

2 WA IV 38 (1906), S. 181 f.

3 Brief vom 11. Juni 1823; WA IV 37, S. 62.

4 Brief an Zelter vom 30. Oktober 1824; WA IV 38, S. 278.

5 Am 18. Februar 1830 brachte August Wilhelm Schlegel in den »Blättern für literarische Unterhaltung« seinen Unmut über den Briefwechsel in fünf Gedichten zum Ausdruck, von denen eines lautet: »Sie dachten die Naturen auszuwechseln, / Und wechselten nur fruchtlos manchen Brief. / Originales will der Eine künstlich drechseln; / Der Andre spinnewebt speculativ. / Kaum kennt man noch den Zauberer der Geister, / Wenn er beim Grübler dort in dumpfer Kammer haust. / Doch jeder bleibt er selbst: der Famulus, der Meister; / Der blasse Wagner und der kräft'ge Faust.«

6 Erschienen im ersten Band (S. I–LVIII) der von Körner herausgegebenen ersten Gesamtausgabe der Werke Schillers: Friedrich von Schillers sämmtliche Werke. 12 Bde. Stuttgart und Tübingen 1812–1815.

7 Friedrich Schillers Briefe an den Freiherrn Heribert von Dalberg in den Jahren 1781 bis 1785. Ein Beitrag zu Schillers Lebens- und Bildungs-Geschichte. Carlsruhe und Baden 1819.

8 Briefwechsel zwischen Schiller und Wilhelm v. Humboldt. Mit einer Vorerinnerung über Schiller und den Gang seiner Geistesentwicklung. / von W. von Humboldt. Stuttgart und Tübingen 1830. – Humboldts Eingriffe in die Briefe waren nicht unerheblich. Darüber unterrichtete er am 10. April 1830 Caroline von Wolzogen: »Ich schicke Ihnen, theure Freundin, endlich meinen Briefwechsel mit Schiller, wie ich ihn zum Druck redigirt habe. Er ist sehr zusammengeschmolzen, da viele Stellen wegbleiben mußten, theils weil sie compromittirend waren, theils weil sie gar kein Interesse für das Publikum haben konnten. [...] Es wäre unverantwortlich gewesen, das drucken zu lassen. Von Ideen und Raisonnements habe ich kein Wort gestrichen.« (Literarischer Nachlaß der Frau Caroline von Wolzogen. [Hrsg. von Karl Hase.] Bd 2. Leipzig 1849. S. 55.)

9 Schillers Leben, verfaßt aus den Erinnerungen der Familie, seinen eignen Briefen und den Nachrichten seines Freundes Körner. 2 Tle. Stuttgart und Tübingen 1830.

10 Briefe Schillers und Goethes an A. W. Schlegel. [Hrsg. von Eduard Böcking.] Leipzig 1846.

11 Schiller's und Fichte's Briefwechsel aus dem Nachlasse des Erstern mit einem einleitenden Vorworte von I. H. Fichte. Berlin 1847.

12 Schillers Briefwechsel mit Körner. Von 1784 bis zum Tode Schillers. 4 Tle. Leipzig 1847.

13 Schiller und Lotte. 1788. 1789. [Hrsg. von Emilie von Gleichen-Rußwurm, geb. von Schiller.] Stuttgart und Augsburg 1856; erweitert: Schiller und Lotte. 1788–1805. Zweite und dritte, den ganzen Briefwechsel umfassende Ausgabe. Bearb. von Wilhelm Fielitz. 3 Bücher. Stuttgart 1879. – Schiller's Beziehungen zu Eltern, Geschwistern und der Familie von Wolzogen. Aus den Familienpapieren mitgetheilt [von Alfred Freiherrn von Wolzogen]. Stuttgart 1859. – Schiller's Briefwechsel mit seiner Schwester Christophine und seinem Schwager Reinwald. Hrsg. von Wendelin von Maltzahn. Leipzig 1875.

14 Geschäftsbriefe Schiller's. Ges., erl. und hrsg. von Karl Goedeke. Leipzig 1875.

15 Briefwechsel zwischen Schiller und Cotta. Hrsg. von Wilhelm Vollmer. Stuttgart 1876.

16 Schillers Briefe. Hrsg. und mit Anmerkungen versehen von Fritz Jonas. Kritische Gesamtausgabe. 7 Bde. Stuttgart, Leipzig, Berlin und Wien [1892–1896].

17 In der Brief-Abteilung der Schiller-Nationalausgabe (Bde 23–32. Weimar 1956–1992) sind 2206 Briefe Schillers gedruckt. Später aufgefundene Briefe wurden in verschiedenen Periodica, v. a. im »Jahrbuch der Deutschen Schillergesellschaft« bekannt gemacht.

18 Zum Briefschreiber Schiller vgl. die Einführungen von Georg Kurscheidt und Norbert Oellers in den beiden im Deutschen Klassiker Verlag erschienenen Briefbänden: Friedrich Schiller. Werke und Briefe. (Band 11: Briefe I. 1772–1795. Hrsg. von Georg Kurscheidt. S. 835–846; Band 12: Briefe II. 1795–1805. Hrsg. von Norbert Oellers. S. 745–750). Frankfurt a. M. 2002.

19 Vgl. Anm. 8 (»Vorerinnerung«), S. 10 f., 13 und 15.

20 Einmal (1820) sagte Goethe einem Gesprächspartner, Schillers »Fortschritte seien so außerordentlich gewesen, daß er ihn nach vier Tagen oft nicht mehr gekannt« habe; später (1825) fand er: »Alle acht Tage war er ein anderer und vollendeterer; jedesmal wenn ich ihn wiedersah, erschien er mir vorgeschritten in Belesenheit, Gelehrsamkeit und Urteil.« Vgl. (auch zur Mythisierung Schillers durch Goethe nach 1805) Norbert Oellers: Schiller. Geschichte seiner Wirkung bis zu Goethes Tod. 1805–1832. Bonn 1967. S. 44–55.

21 Vgl. ebd., S. 50 (Goethe im Gespräch mit Karl Friedrich von Conta, 26. Mai 1820).

22 So Goethe; siehe oben, S. 7.

23 Von etwa 85 Prozent der bekannten Briefe Schillers sind die Originale in Archiven und Bibliotheken erhalten, die meisten im Goethe- und Schiller-Archiv (Weimar) und im Deutschen Literaturarchiv (Marbach a. N.). – Zu den schmerzlichsten Verlusten des Schillerschen Nachlasses gehören seine großartigen Briefe an Wilhelm von Humboldt aus den Jahren 1795 bis 1805, die seit 1945 verschollen sind. Bis zum Ende des Zweiten Weltkriegs wurden sie (insgesamt 21) im Humboldtschen Hausarchiv Tegel verwahrt. Vielleicht fügt es sich ja, daß sie einmal wieder ans Tageslicht kommen und in ihrer authentischen Form reproduzierbar werden.

FACSIMILIA

1

AN CHRISTIAN DANIEL VON HOVEN

15. Juni 1780

H 1   1.   Inv. 33386

Hochwohlgebohrner Herr

Hochzuverehrender Herr Hauptmann

Endlich bin ich von der heftigen Bestürzung über den traurigen Abschied meines theuersten Freundes wieder zu mir selbst gekommen, und wage es mein gequältes Herz durch Worte zu erleichtern. Gegen wen sollte ich dieses eher thun als gegen den Vater eines unschäzbaren Sohns, oder gegen Sie, der Sie mich am meisten verstehen. Ich will Sie nicht mit kalten [illegible] Tröstungen betäuben, die kaum allzusehr ein kaltes fühlloses Herz verrathen, nein ich will mit Ihnen über den verlohrnen Freund weinen, denn sein Verlust ist unersezlich, und der [illegible] zu groß. Sehen Sie es itzo noch einmal aus dem Munde eines fühlenden Freundes, was Ihnen Ihr väterliches Herz [illegible] gesaget haben wird. Sie verlohren einen verehrungswürdigen Sohn, einen Jüngling, an dessen lebhafter Geisteskraft künftige Größe und Verwunderung geahndet wurde, einen Jüngling dessen menschenfreundliches, zärtliches Herz Ihm die Liebe aller Menschen erwarb und ihn durch das allgemeine Trauren [illegible]. Sie hatten an ihm den vollkommensten [illegible] Sohn, einen Jüngling voll der schönsten Hoffnungen, der schmeichelhaftesten Aussichten und der es werth war der Stolz seines Vaters zu seyn und der würdigste war mehr und allen länger und glücklicher zu leben. Alles dieses würden seine erbittertsten Feinde gestehen müssen — Er hatte keinen einzigen! Aber was bleibt nun seinen Freunden noch übrig? Was bleibt mir noch übrig?

9

2.

Ja, ich kann es fühlen was es heißt, seine schönsten Hoffnungen, die
Freuden seines Alters in einem Sarge dahintragen sehen, ich weiß
daß die Klagen eines zärtlichen Vaters gerecht sind, — und weiß daß
die Klagen des Vaters zu dem ich itzt rede, zehnfach gerechter
sind als alle andere — denn ich empfinde es, wie schwer es schon meinem
eigenen zärtlichen Vater würde gefallen seyn wenn dieser Schlag mich
getroffen hätte, da ich doch in keinem Stück auf den Werth
Ihres lieben Sohnes Anspruch machen darf. ——

Aber haben Sie Ihren Sohn denn verloren? —
verloren? Werther glücklich, und ist er itzt nicht mehr? —
Ist er zu bedauern, oder nicht vielmehr zu beneiden?
Ich mache zwar diese Fragen einem gebeugten Vater,
dessen Seelenleiden ich freilich niemals nachempfinden kann, aber ich
mache sie auch einem Weisen, einem Christen, der es weiß, daß
ein Gott Leben und Tod verhängt, und in weiser Vater-
schaft über uns waltet. Was verlor Er das Ihm nicht dort
unendlich ersetzt wird! Was verließ Er, das Er nicht dort tau-
sendfach [illegible] wieder erhalten wird? — Und starb
er nicht in der reinsten Unschuld des Herzens, mit voller Seelen
jugendlicher Kraft zur Ewigkeit ausgerüstet, ehe er noch den Wechsel der Dinge, den Wechsel im Lande der Welt kennen
[illegible], wo so viele schöne Christen, so schöne Freuden verwelken, so viele schöne Hoffnungen vereitelt werden? ——
Das Buch der Weisheit sagt von solchem Tode der Gerechten:
Seine Seele gefiel Gott, darum eilet er mit ihm aus dem
bösen Leben. Er ist bald vollkommen worden und hat viele Jahre

erhellt. Er ward überzeugt daß die Weisheit seinen Verstand nicht verbessern [illegible] [illegible] übertragen – So gieng Ihr Sohn zu dem Zweck von dem Er gekommen ist, so kam er sicher und unaufgehalten dahin, wohin wir später aber auch schwerer beladen mit Vergehungen gelangen. Er verlor nichts und gewann alles.

Liebster Vater meines geliebten Freundes. Das sind nicht erbauliche gewesene Umstände, die ich Ihnen hier vorlege. Es ist nie[illegible] daher Geschwätz meines Herzens daß ich auch einer traurigen Erfahrung schreiben müßte. Tausendmal beneidete ich Ihren Sohn, wenn er mit dem Tode rang, und ich würde mein Leben mit Freuden statt seines hingegeben haben, mit welcher ich schlafen gehe. Ich bin noch nicht ein und zwanzig Jahr alt, aber ich darf es Ihnen frei sagen, die Welt hat keinen Reiz für mich mehr. Ich freue mich nicht auf die Welt, und jeden Tag meines Abschieds aus der Akademie, der mir vor wenig Jahren ein hundertfältiger Festtag würde gewesen seyn, wird mir niemals kein frohes Lächeln abgewinnen können. Mit jedem Schritt den ich an Jahren gewinne, verlier ich immer mehr von meiner Zufriedenheit, je mehr ich mich dem reifern Alter nähere, desto mehr wünscht ich als Kind gestorben zu seyn. Wäre mein Leben mein eigen, so würd ich nach dem Tod Ihres Sohnes geizig seyn. So aber gehört es meiner Mutter und dreien unglücklichen Schwestern, denn ich bin der einzige Sohn, und mein Vater fängt an graue Haare zu bekommen. —

Aber nun Sie! – Sind Sie nicht ein glücklicher Vater?

Sie verloren einen Sohn, der Ihnen theuer war, aber Sie fanden sich im zweiten Sohn doppelt stark den Schlag zu tragen, und dieser allein war es auch würdig die Stelle des Entschlafenen zu ersezen. Er fühlt was er Ihnen schuldig ist, er strengt alle Kräfte seines Geistes auf diesen einzigen Zwek an, und wird Ihnen zehenmal mehr leisten als ich meinem Vater jemals versprechen kann. Weinen Sie über den Verlust des würdigsten Jünglings, weinen Sie denn er ist aller werth – doch vergessen Sie niemals, daß Ihr anderer Sohn ich darf es laut sagen Ihr gröster Sohn dadurch beleidigt werden müßte, wenn Sie Ihre Hofnungen mit jenem im Grabe verscharren.

Und nun verzeihen Sie mir wenn ich mich anmaßte einen Vater zu trösten da ich selbst noch ein unerfahrner Jüngling bin. Ich weiß daß Sie Quellen des Trostes aus Ihrem eigenen Vaterherzen und aus der Religion schöpfen können, und was ich hier sagte war mehr zu meiner eigenen Beruhigung, denn ich verlor in Ihm einen herrlichen Freund. Aber es gibt ja eine Welt wo die Getrennten sich wieder vereinen. Dort werden Sie Ihren Sohn als einen verklärten Engel wiederum umarmen. Dort werd ich Hand in Hand wandeln an Seite meines theuren werthen Freundes. Stets soll mir Sein Andenken heilig seyn, und jede Thräne um Ihn ein Heiligthum. Könnt ich Ihnen in mir einen zweiten Sohn, könnt ich Ihrem ältern Sohn einen Bruder ersezen, so wollt ich stolz auf mich selbst seyn. Aber es soll mehr an meinen Kräften niemals aber an meinem Willen fehlen.

Ich empfehle mich Ihnen und Ihrem ganzen Hauße in ewige Gewogenheit und Freundschaft, und wünsche nichts mehr als mich nennen zu dürfen

Wohlgebohrner Herr
Hochzuverehrender Herr Hauptmann

Stuttgardt d. 15. Juni 1780.

Dero gehorsamster Sohn Schiller

2

AN HERZOG CARL EUGEN VON WÜRTTEMBERG

1. September 1782

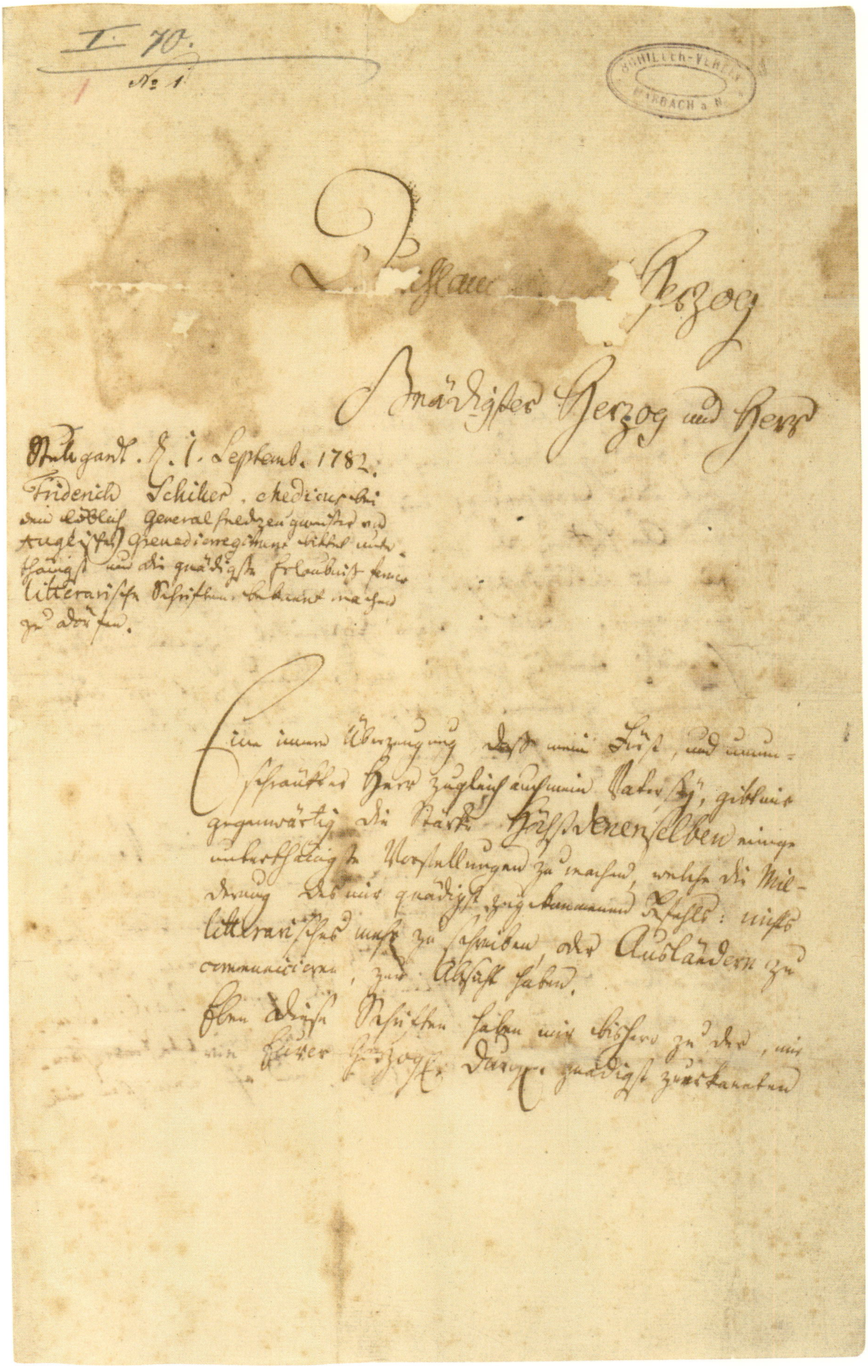
I. 70.
No 1.
SCHILLER-VEREIN MARBACH a. N.

Durchlauchtigster Herzog

Gnädigster Herzog und Herr

Stuttgart. d. 1. Septemb. 1782.
Friderich Schiller, Medicus bei dem löblich General Feldzeugmeister von Augéischen Grenadierregiment bittet unterthänigst um die gnädigste Erlaubniß seine litterarische Schriften bekannt machen zu dörfen.

Eine innere Überzeugung daß mein Fürst, und mein uneingeschränkter Herr zugleich auch mein Vater sey, gibt mir gegenwärtig die Stärke Höchstdenenselben einige unterthänigste Vorstellungen zu machen, welche die Milderung des mir gnädigst gegebenen Befehls: nichts litterarisches mehr zu schreiben oder mit Ausländern zu communicieren, zur Absicht haben.
Eben diese Schriften haben mir bißhero zu der, mir von Euer Herzogl. Durchl. gnädigst zuerkannten

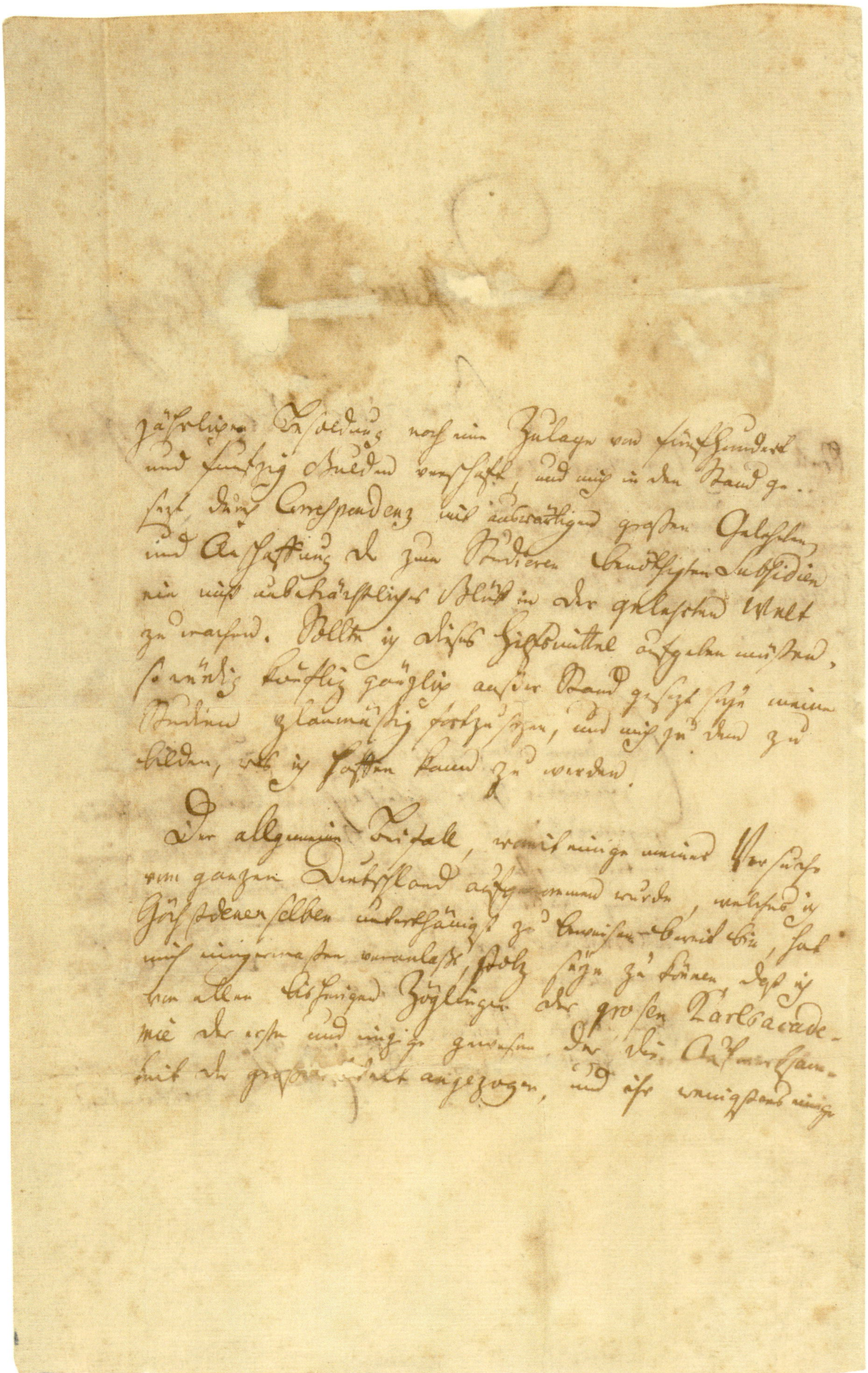

jährlichen Besoldung noch eine Zulage von fünfhundert
und fünfzig Gulden verschafft, und mich in den Stand gesetzt durch Correspondenz mit auswärtigen großen Gelehrten
und Anschaffung der zum Studieren benöthigten Subsidien
ein nicht unbeträchtliches Glück in der gelehrten Welt
zu machen. Sollte ich dieses Hilfsmittel aufgeben müssen,
so würde ich künftig gänzlich außer Stand gesetzt seyn meine
Studien planmäßig fortzusetzen, und mich zu dem zu
bilden, was ich hoffen kann zu werden.

Der allgemeine Beifall, womit einige meiner Versuche
von ganz Deutschland aufgenommen wurden, welche ich
Höchstdenenselben unterthänigst zu überreichen die Gnade hatte, hat
mich einigermaßen veranlaßt stolz sagen zu können, daß ich
von allen bisherigen Zöglingen der großen Karlsacademie der erste und einzige gewesen, der die Aufmerksamkeit der großen Welt angezogen, und ihr wenigstens einige

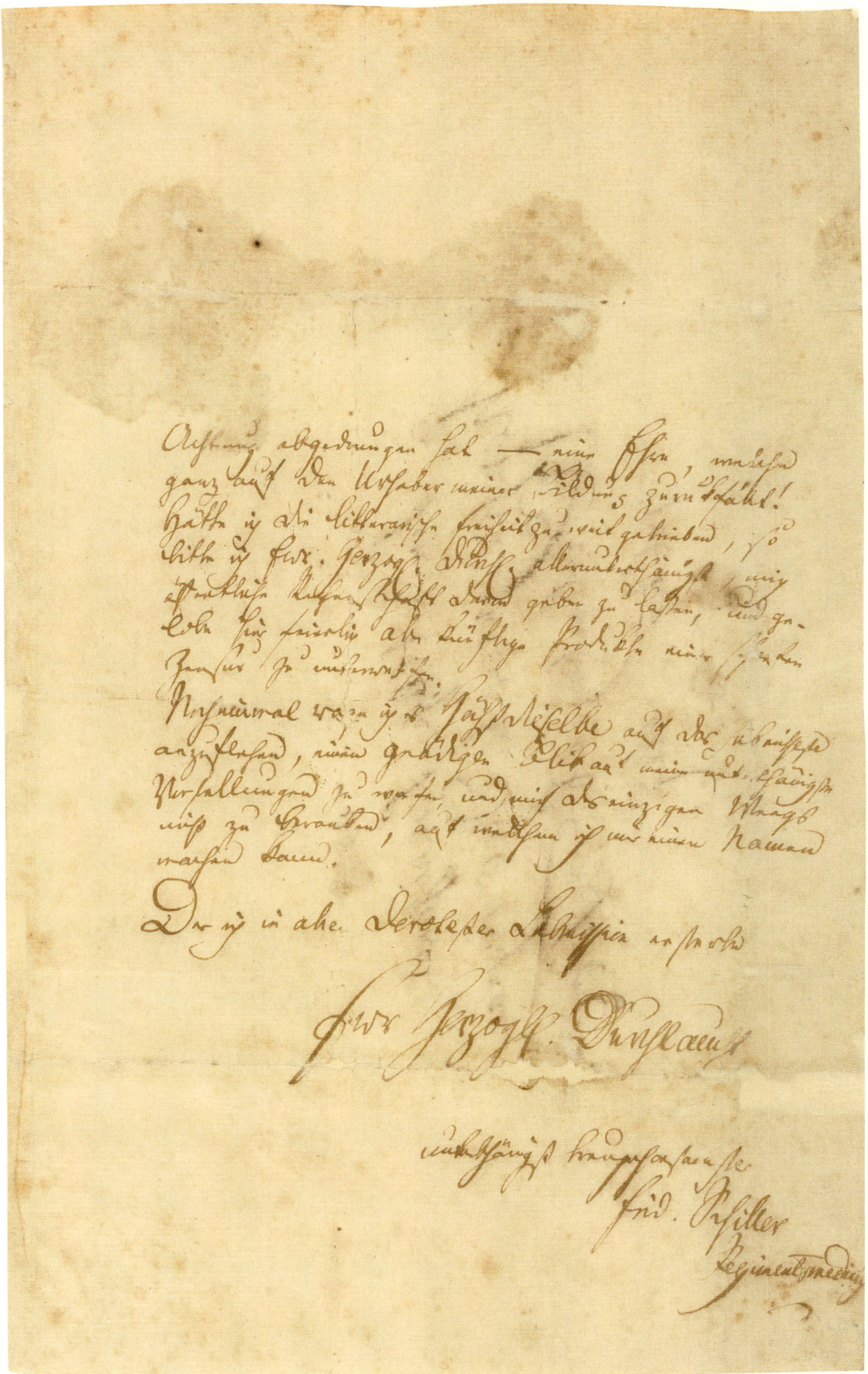
Achtung abgedrungen hat — eine Ehre, welche
ganz auf den Urheber meiner Bildung zurückfällt!
Hätte ich die litterarische Freiheit zu weit getrieben, so
bitte ich Eur. Herzogl. Durchl. allerunterthänigst mir
väterlichen Befehl darum geben zu lassen, und gelobe hier feierlich alle künftige Producte einer scharfen
Censur zu unterwerfen.
Nochmal wage ich es Höchstdieselbe auf das submisseste
anzuflehen, einen gnädigen Blick auf meine unterthänigste
Vorstellungen zu werfen, und mir das einzige Mittel
nicht zu rauben, auf welchem ich mir einen Namen
machen kann.

Der ich in aller devotester Submission ersterbe

Eur. Herzogl. Durchlaucht

unterthänigst treugehorsamster

Frid. Schiller

Regimentsmedicus

I 70

à Son Altesse Serenissime
Monseigneur le Duc regnant
de Wirtemberg et Teck etc.
relig

3

AN HENRIETTE VON WOLZOGEN

28. Mai 1783

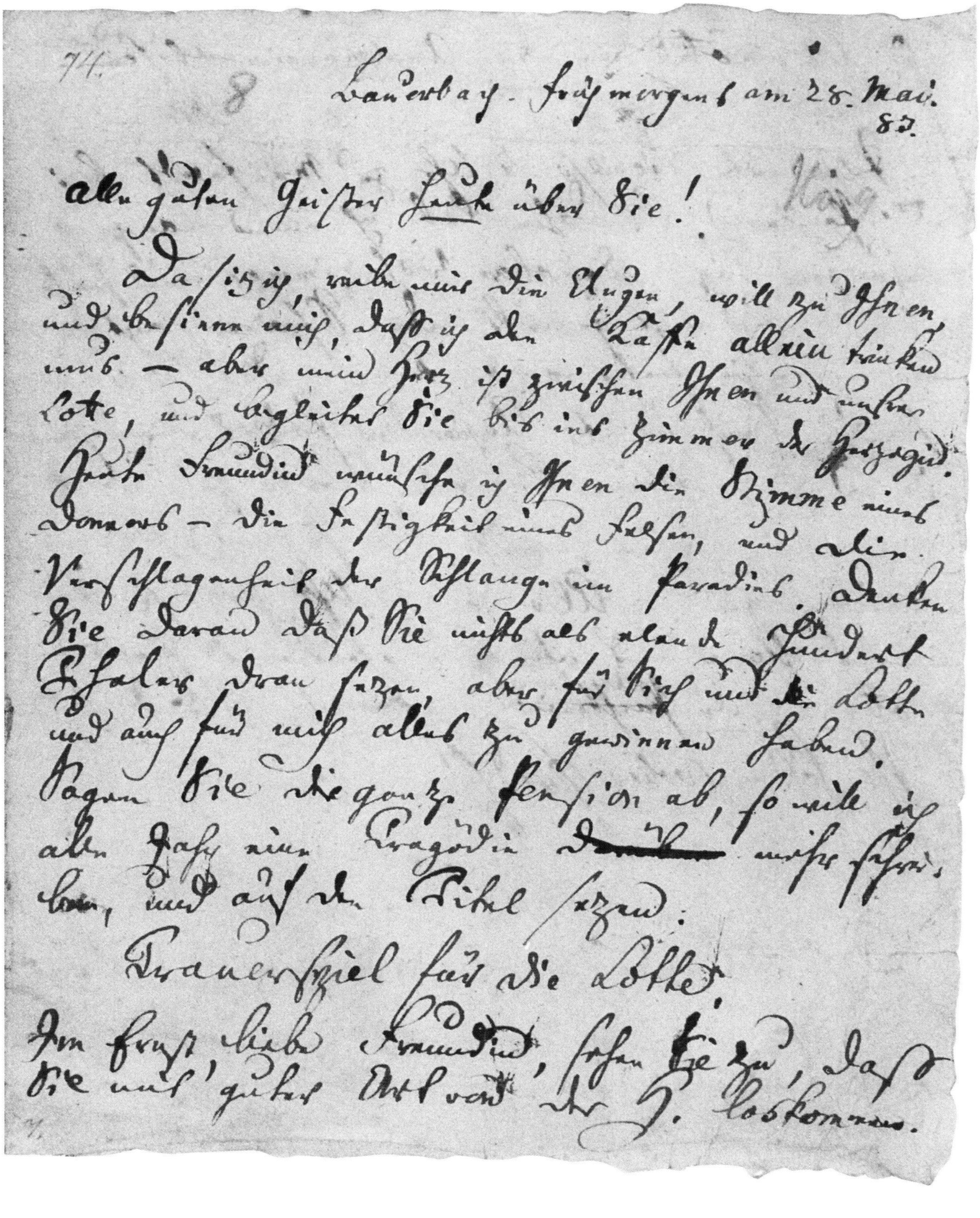
74 8

Bauerbach frühmorgens am 28. Mai. 83.

Alle guten Geister lenken über Sie!

Da sitz ich, reibe mir die Augen, will zu Ihnen, und besinne mich, daß ich den Kaffee allein trinken muß — aber mein Herz ist zwischen Ihnen und unsrer Lotte, und begleitet Sie bis ins Zimmer der Herzogin. Beste Freundin wünsche ich Ihnen die Stimme eines Donners — die Festigkeit eines Felsen, und die Verschlagenheit der Schlange im Paradiese. Denken Sie daran daß Sie nichts als elende Hundert Thaler dran sezen, aber für Sich und die Lotte und auch für mich alles zu gewinnen haben. Schlagen Sie die ganze Pension ab, so will ich alle Jahr eine Tragödie mehr schreiben, und auf den Titel sezen:

Trauerspiel für die Lotte.

Im Ernst, liebe Freundin, sehen Sie zu, daß Sie uns guter Art von der H. loskommen.

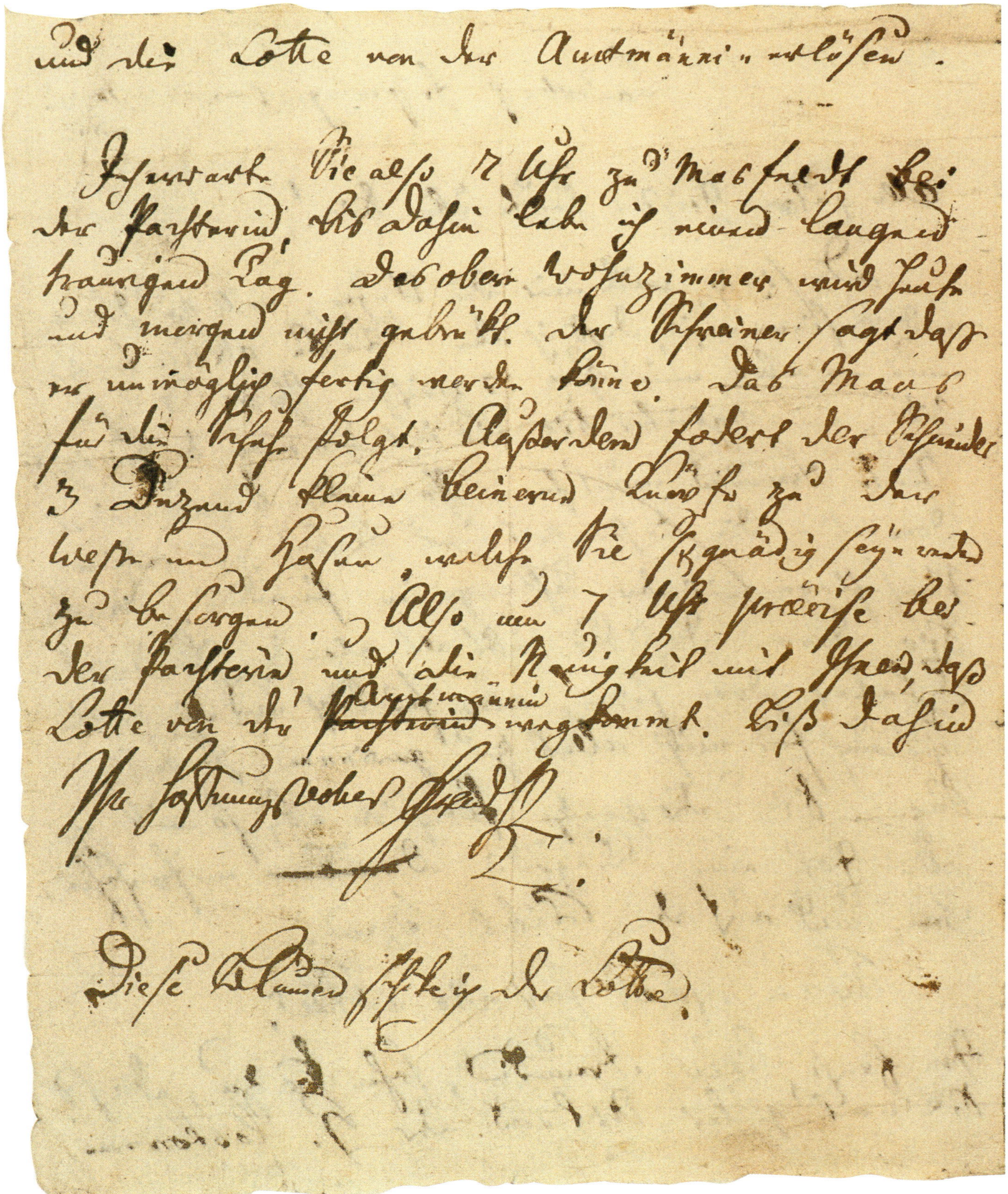

und die Lotte von der Amtmännin erlösen.

Ich erwarte Sie also 7 Uhr zu Machfreds bei der Pastorin, bis dahin habe ich einen langen traurigen Tag. das obere Wohnzimmer und Sachen sind meistens nicht gebraucht. der Schreiner sagt dass es unmöglich fertig werden könne. Das Maass für die Schaff folgt. Außerdem fodert der Schneider 3 Duzend kleine beinerne Knöpfe zu der Weste und Hosen, welche Sie so gnädig seyn werden zu besorgen. Also um 7 Uhr precise bei der Pastorin und die Neuigkeit mit Ihnen, dass Lotte von der ~~Pastorin~~ Amtmännin weggekommt. Biss dahin Ihr hochachtungsvoller Freund

Diese Blumen schickt die Lotte.

an
Frau v. Wolzogen
Meiningen

4

AN LUDWIG FERDINAND HUBER, CHRISTIAN GOTTFRIED KÖRNER, DORA STOCK UND MINNA STOCK

7. Dezember 1784

2.

Mannheim den 7. December 84.

Nimmermehr können Sie mir verzeihen, meine Werthesten, daß ich auf Ihren freundschaftsvollen Brief, auf Briefe die soviel Enthousiasmus und Wolwollen gegen mich athmeten, und von den schäzbarsten Zeichen Ihrer Güte begleitet waren, _sieben_ Monate schweigen konnte. Ich gestehe es Ihnen, daß ich den jezigen Brief mit einer Schamröthe niederschreibe, welche mich vor mir selbst demüthigt, und daß ich meine Augen in diesem Moment wie ein Feiger vor Ihren Zeichnungen niederschlage, die über meinem Schreibtisch hangen, und in dem Augenblik zu leben, und mich anzuklagen scheinen. Gewiß meine Vortreflichen Freunde u Freundinnen die Erfahrung und die Verlegenheit welche ich gegenwärtig leide ist Rache genug. Nehmen Sie keine andre mehr. Aber erlauben Sie mir nur einige Worte — nicht um diese unerhörte Nachläßigkeit zu entschuldigen, nur sie Ihnen einigermaaßen begreiflich zu machen.

Ihre Briefe, die mich unbeschreiblich erfreuten, und eine Stunde in meinem Leben auf das angenehmste aufgehellt haben, trafen mich in einer der traurigsten Stimmungen meines Herzens, worüber ich Ihnen in Briefen kein Licht geben kann. Meine damalige Gemüthsfaßung war diejenige nicht worinn man sich solchen Menschen, wie ich Sie mir denke, gern zum erstenmal vors Auge bringt. Ihre schwärmerische Meinung von mir war freilich nur eine angenehme Illusion — aber dennoch war ich schwach genug zu wünschen, daß sie nicht allzuschnell aufhören möchte. Darum,

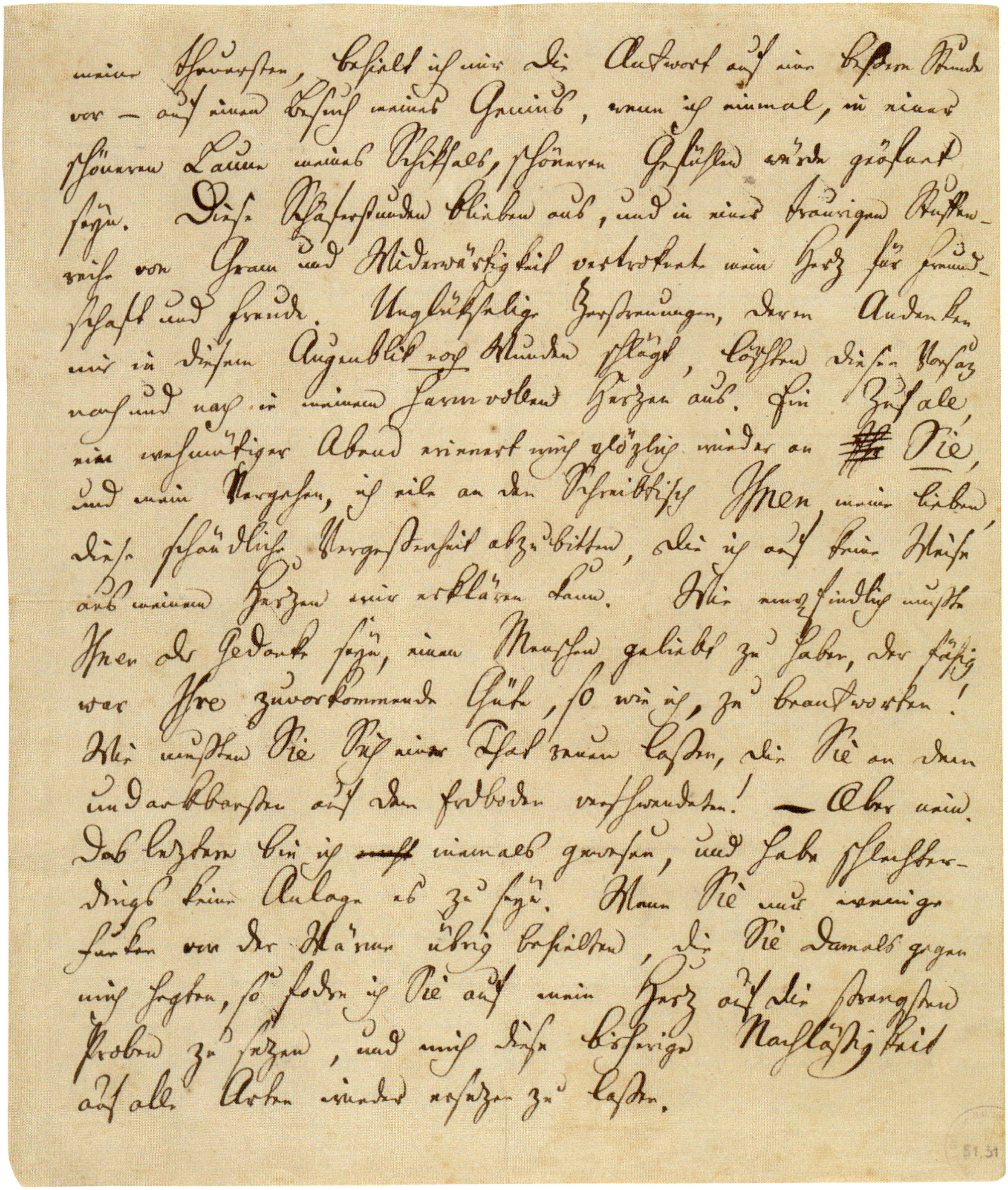
meine Theuersten, behielt ich mir die Antwort auf eine beßere Stunde
vor — auf einen Besuch meines Genius, wenn ich einmal, in einer
schönern Laune meines Schiksals, schönern Gefühlen würde geöfnet
seyn. Diese Schäferstunden blieben aus, und in einer traurigen [illegible]
von Gram und Widerwärtigkeit vertroknete mein Herz für Freundschaft und Freude. Unglükselige Zerstreuungen, deren Andenken
mir in diesem Augenblik noch Wunden schlägt, löschten diesen Vorsaz
nach und nach in meinem jammervollen Herzen aus. Ein Zufall,
ein wehmüthiger Abend erinnert mich plözlich wieder an Sie,
und mein Vergehen, ich eile an den Schreibtisch Ihnen, meine Lieben
diese schändliche Vergessenheit abzubitten, die ich auf keine Weise
aus meinem Herzen mir erklären kann. Wie empfindlich mußte
Ihnen der Gedanke seyn, einen Menschen geliebt zu haben, der fähig
war Ihre zuvorkommende Güte, so wie ich, zu beantworten!
Wie mußten Sie sich eine That reuen laßen, die Sie an den
undankbarsten auf dem Erdboden verschwendeten! — Aber nein.
Das leztere bin ich ~~auch~~ niemals gewesen, und habe schlechterdings keine Anlage es zu seyn. Wenn Sie nur wenige
Funken von der Wärme übrig behielten, die Sie damals gegen
mich hegten, so fodere ich Sie auf mein Herz auf die strengsten
Proben zu sezen, und mich diese bisherige Nachläßigkeit
auf alle Arten wieder ersezen zu laßen.

Und nun genug von einer Materie, wobei ich eine so nachtheilige Rolle spiele.

Wenn ich Ihnen bekenne, daß Ihr Briefe und Geschenke das angenehmste waren, was mir – vor und nach – in der ganzen Zeit meiner Schriftstellerei widerfahren ist, daß diese fröhliche Erscheinung mich für die mancherlei verdrüßliche Schicksale schadlos hält, welche in der Jünglingsepoche meines Lebens mich verfolgten – daß, ich sage nicht zuviel, daß Sie meine Theuerste es sich zuzuschreiben haben, wenn ich die Verwünschung meines Dichterberufs, die mein widriges Verhängniß mir schon aus der Seele gepreßt, zurücknahm und mich endlich wieder glücklich fühle – Wenn ich Ihnen dieses sage, so weiß ich, daß Ihre gütige Gesinnung gegen mich Sie nicht gereuen werden. Wenn solche Menschen, solche schöne Seelen den Dichter nicht belohnen, wer thut es denn?

Ich habe nicht ohne Grund gehofft Sie dieses Jahr noch von Angesicht zu Angesicht zu sehen, weil es im Werke war, daß ich nach Berlin gehen wollte. Die Dazwischenkunft einiger Umstände macht diesen Vorsatz wenigstens für ein Jahr rückgängig, doch könnt es kommen, daß ich auf die Jubilate Messe Leipzig besuchte. Welche süße Momente, wenn ich Sie da träfe, und Ihre wirkliche Gegenwart auch sogar die geringste Freudenerinnerung an Ihre Bilder verdunkelte! – Minna und Dora würden es wol geschehen lassen müssen, wenn sie mich bei meinen neuern poëtischen Idealen über einen kleinen Diebstahl an Ihren Umrissen ertappen sollten.

Ich weiß nicht, ob Sie mein werthester, nach meinem vergangenen Betragen mich noch der Fortsetzung Ihres Wohlwollens und einer ferneren Freundschaft würdig halten können; doch bitte ich Sie mit aller Wärme, es zu thun. Nur eine engere Bekanntschaft mit mir und meinen Absichten kann Ihnen vielleicht einige Schatten derjenigen Idee zurückgeben, die Sie einst von mir hegten, und nunmehr unterdrückt haben werden. Ich habe wenig Freuden des Lebens genossen, aber (das ist das Stolzeste, was ich über mich aussprechen kann) diese wenigen habe ich meinem Herzen zu danken.

Hier erhalten Sie auch etwas Neues von meiner Feder, die Ankündigung meines Journals. Auffallen mag es Ihnen immer, daß ich diese Rolle in der Welt spielen will, aber vielleicht söhnt die Sache selbst Sie wieder mit Ihrer Vorstellung aus. Überdem zwingt ja das deutsche Publikum seine Schriftsteller, nicht nach dem Zuge des Genius, sondern nach Speculazionen des Handels zu wählen. Ich werde dieser Thalia alle meine Kräfte hingeben, aber das läugne ich nicht, daß ich sie (wenn mein Unterfangen mich über Landmannsrücksichten hinweggesetzt) in einer andern Sphäre würde beschäftigt haben.

Wenn ich nun in einigen Zeilen Ihrer Verzeihung gewiß worden bin, so soll diesem Brief auf das schleunigste ein zweiter folgen. Frauenzimmer sind sonst unversöhnlicher als wir, also muß ich den Pardon von solchen Händen unterschreiben lassen.

Mit unauslöschlicher Achtung der Ihrige

Schiller.

5

AN CHARLOTTE VON LENGEFELD

etwa 16.–20. März 1788

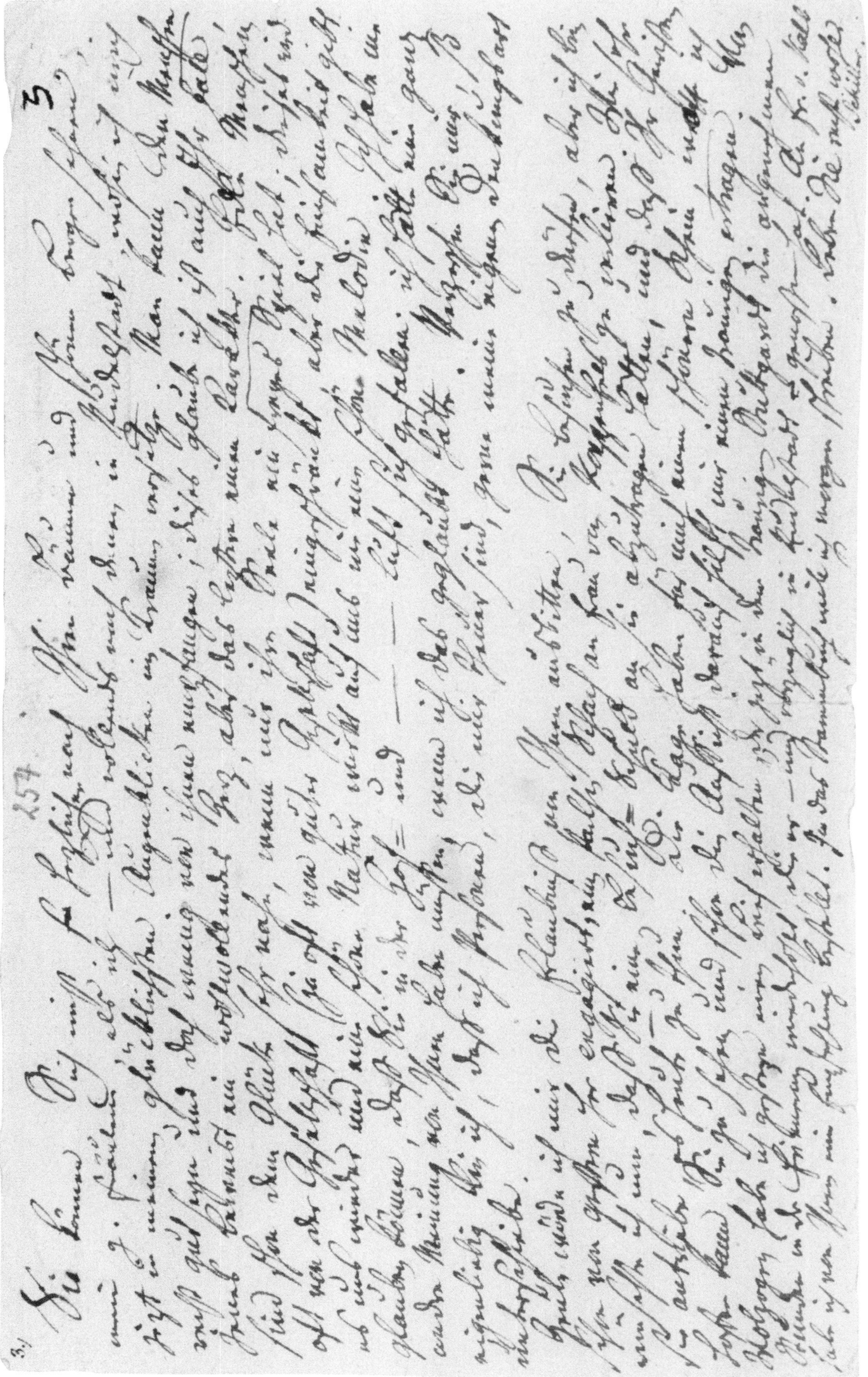

6

AN CAROLINE VON BEULWITZ

25. Februar 1789

1 378

Weimar d. 25. Febr. 89.

~~an Caroline~~. ~~H~~. C.

Lassen Sie sich das nicht anfechten, daß Sie mit der
Moritzischen Schrift nicht sogleich haben zu recht
kommen können. Es ist mehrern Leuten so ergangen
und eigentlich allen, weil es ein wenig viel von dem Leser
gefordert ist, in ein paar Stunden aus einem Buche
herauszufinden, was der Verfasser in 3 Jahren
hineingelegt hat. Dalberg, der fleißig genug
mit Moritz umgegangen ist, versteht noch nicht
was er meynt; ich, der auch noch nicht bekannt
genug mit dem Buche ist, habe ihm neulich noch
Aufschlüsse geben müssen, die mir aus einem Gespräch mit Moritz noch erinnerlich waren.

Ich habe die Bogen an Körnern geschickt, und will
hören, was der sagt. Kunstkritik ist eigentlich
das rechte Fach für meinen Freund Körner. Ich dencke,
das Buch soll ihm Vergnügen machen.

Was Sie von ~~Göthe~~ schreiben mag allerdings wahr
seyn – aber was folgt daraus? Wenn ich auch
nur meinen Besuch oder auch dem Schrift mit ihm allein

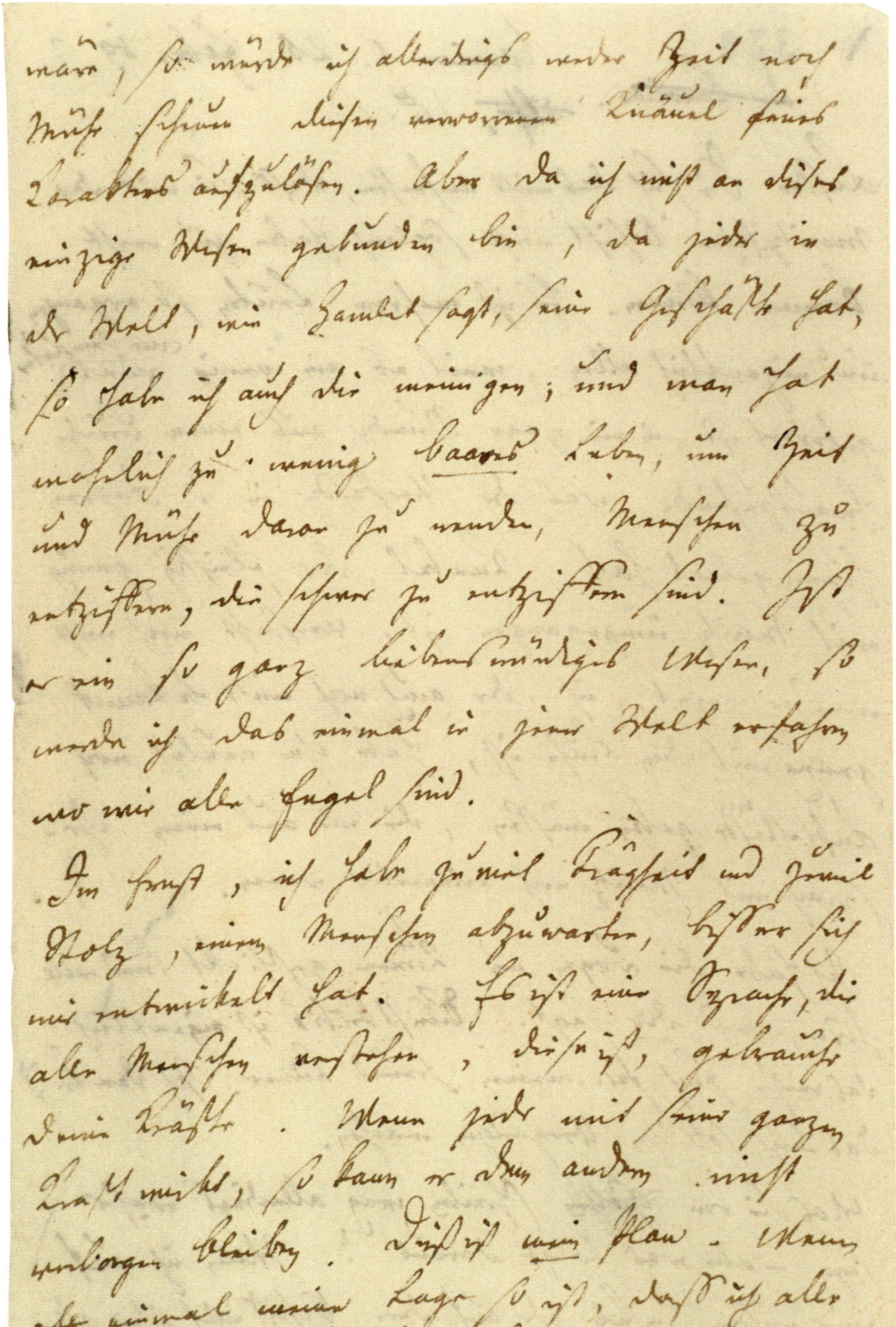
wäre, so würde ich allerdings weder Zeit noch
Muße scheuen diesen verworrenen Knäuel seines
Karakters aufzulösen. Aber da ich nicht an dieses
einzige Wesen gebunden bin, da jeder in
der Welt, wie Hamlet sagt, seine Geschäfte hat,
so habe ich auch die meinigen; und man hat
wahrlich zu wenig baares Leben, um Zeit
und Mühe daran zu wenden, Menschen zu
entziffern, die schwer zu entziffern sind. Ist
er ein so ganz liebenswürdiges Wesen, so
werde ich das einmal in jener Welt erfahren
wo wir alle Engel sind.
Im Ernst, ich habe zu viel Trägheit und zu viel
Stolz, einen Menschen abzuwarten, bis er sich
mir entwickelt hat. Es ist eine Sprache, die
alle Menschen verstehen, diese ist, gebrauche
deine Kräfte. Wenn jeder mit seiner ganzen
Kraft wirkt, so kann er dem andern nicht
verborgen bleiben. Dies ist mein Plan. Wenn
~~aber~~ einmal meine Lage so ist, daß ich alle
meine Kräfte wirken lassen kann, so wird es

und andern mich kennen, wie ich seinen Geist
jetzt kenne. Aber dieses ~~glauben~~ sagen Sie mich Ihnen
einmal für allemal sagen. Erwarten Sie nicht zuviel
Herrliches und Begeisterndes von Menschen, die von allen
was sich ihnen nähert in Bewunderung und Achtung
genöthigt werden. Es ist nichts zerbrechlicher im Menschen
als seine Bescheidenheit und sein Wohlwollen; wenn soviele Hände an dieses zerbrechlich zarte Ding tappen,
was wunder wenn es zu schanden geht! Wenn mich
je das Unglück oder Glück träfe, sehr berühmt
zu werden (und das ist ja sehr möglich, als
man es jetzt wohl werden kann und wird, ohne es
zu verdienen) wenn mir dieses je zutheil, so seyen
Sie mit Ihrer Freundschaft gegen mich vorsichtig.
Lesen Sie alsdann meine Schriften, und lassen den
Menschen übrigens laufen.
nicht aufnehmen
~~Es ist aber so mit Herdern, und wenn Wieland nicht
nur so reichliche Fülle von Schwachheiten hätte,
die einen zum Lächeln bringen und über seine
Vorzüge trösten, so würde auch mit ihm nicht
auszukommen seyn.~~

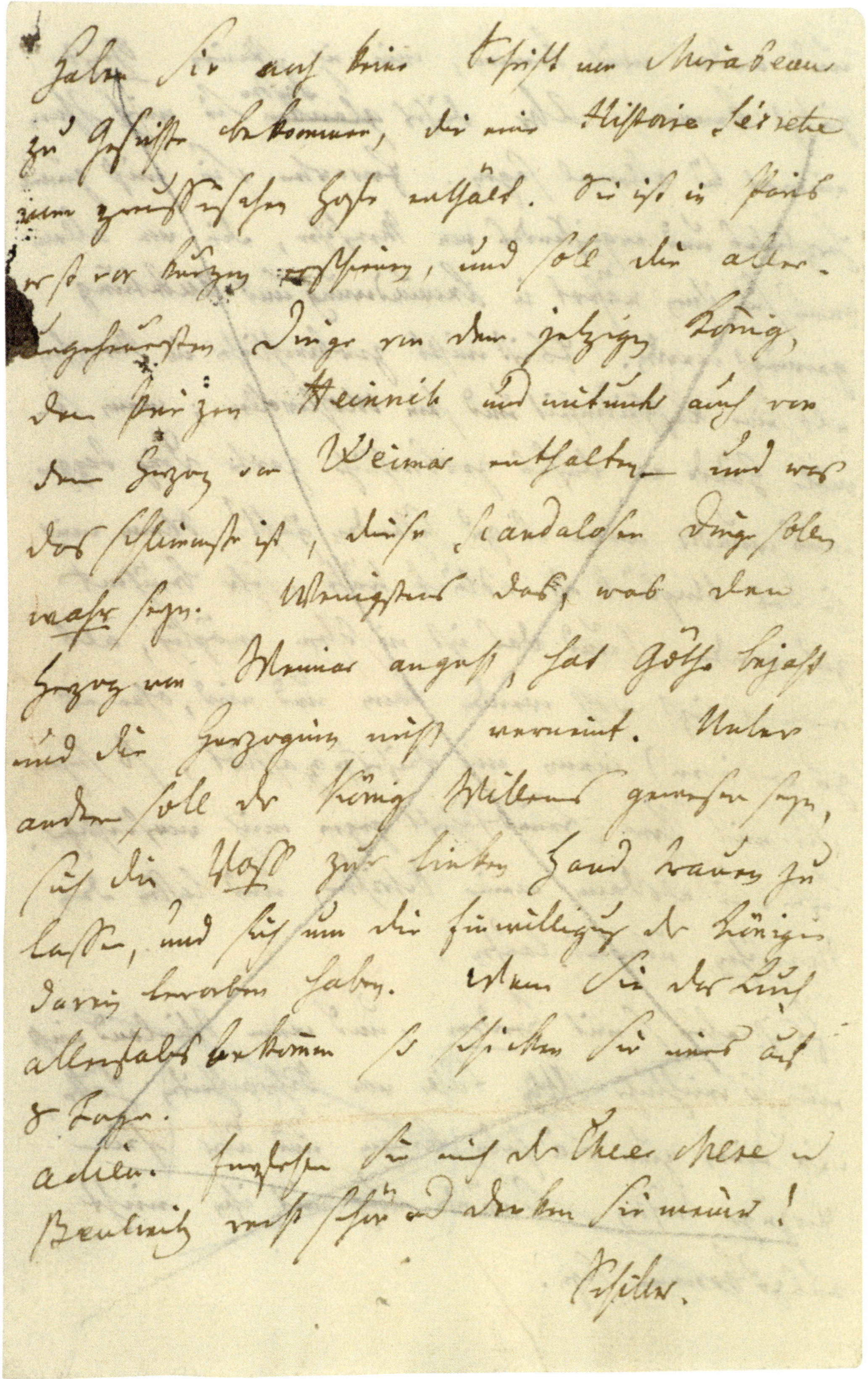
haben Sie auch keine Schrift von Mirabeau zu Gesicht bekommen, die eine Histoire secrete vom preußischen Hofe enthält. Sie ist in Paris vor kurzem erschienen, und soll die allerungeheuersten Dinge von dem jetzigen König, dem Prinzen Heinrich und mitunter auch von dem Herzog von Weimar enthalten — und was das schlimmste ist, diese scandalosen Dinge sollen wahr seyn. Wenigstens das, was den Herzog von Weimar angeht, hat Göthe bejaht und die Herzogin nicht verneint. Unter andern soll der König Willens gewesen seyn, sich die Voß zur linken Hand trauen zu laßen, und sich um die Einwilligung der Königin darin beworben haben. Wenn Sie das Buch allenfalls bekommen, so schicken Sie mirs auf 8 Tage.

adieu. Empfehlen Sie mich der Chere Mere in Berlin recht sehr und denken Sie meiner!

Schiller.

7

AN CHRISTIAN GOTTFRIED KÖRNER

24. Mai 1791

Rudolstadt d. 24. May 91.

Endlich bin ich so ziemlich wieder hergestellt. Meine Frau wird dir von der Beschaffenheit meines letzten Anfalls nicht viel haben schreiben können, da die Post pressierte. Es war ein heftiges Asthma, wahrscheinlich von Krämpfen im Zwerchfell erzeugt, auf das sich eine Schärfe geworfen hatte. Unter den wiederholten und periodisch zurückkehrenden Anfällen waren zwey, einer am Montag vor 18 Tagen und der andre am Dienstag fürchterlich. Der Athem wurde so schwer, daß ich über der Anstrengung, Luft zu bekommen, bei jedem Athemzug ein Gefäß in der Lunge zu zersprengen glaubte. Bei dem ersten stellte sich ein starker Fieberfrost ein, so daß die Extremitäten ganz kalt wurden, und der Puls verschwand. Nur durch immer continuirliche Ausreibungen konnte ich mich vor der Ohnmacht schützen. Im heißen Wasser wurden mir die Hände kalt, und nur die stärksten Frictionen brachten wieder Leben in die Glieder. Man hat alles angewendet, was nur die Medicin in solchen Fällen wirksames hat. Besonders aber zeigte sich das Opium, das ich in starken Dosen nahm, Kampfer mit Moschus, Clystire und Blasenpflaster wirksam. Eine Aderlässe am Fuß machte die dringende Gefahr der Erstickung nothwendig. Am Dienstag wurde Stark in der Nacht von Jena abgeholt, er traf mich aber schon besser, und in einem wohlthätigen Schlaf. Starkens Urtheil von dieser Krankheit ist, daß Krämpfe im Unterleib und Zwerchfell zum Grunde liegen, die Lunge selbst aber nicht leide; und es ist wahr, daß dieser fürchterliche Zufall selbst der stärkste Beweis davon ist, weil ein örtlicher Fehler in der Lunge sich bei der convulsivischen Anstrengung der Respirationswerkzeuge nothwendig hätte offenbaren müssen, welches nicht geschah. Ich warf während dieser ganzen Zeit niemals Blut aus, und nach überstandenem Paroxysmus, der zuweilen 5 Stunden währte,

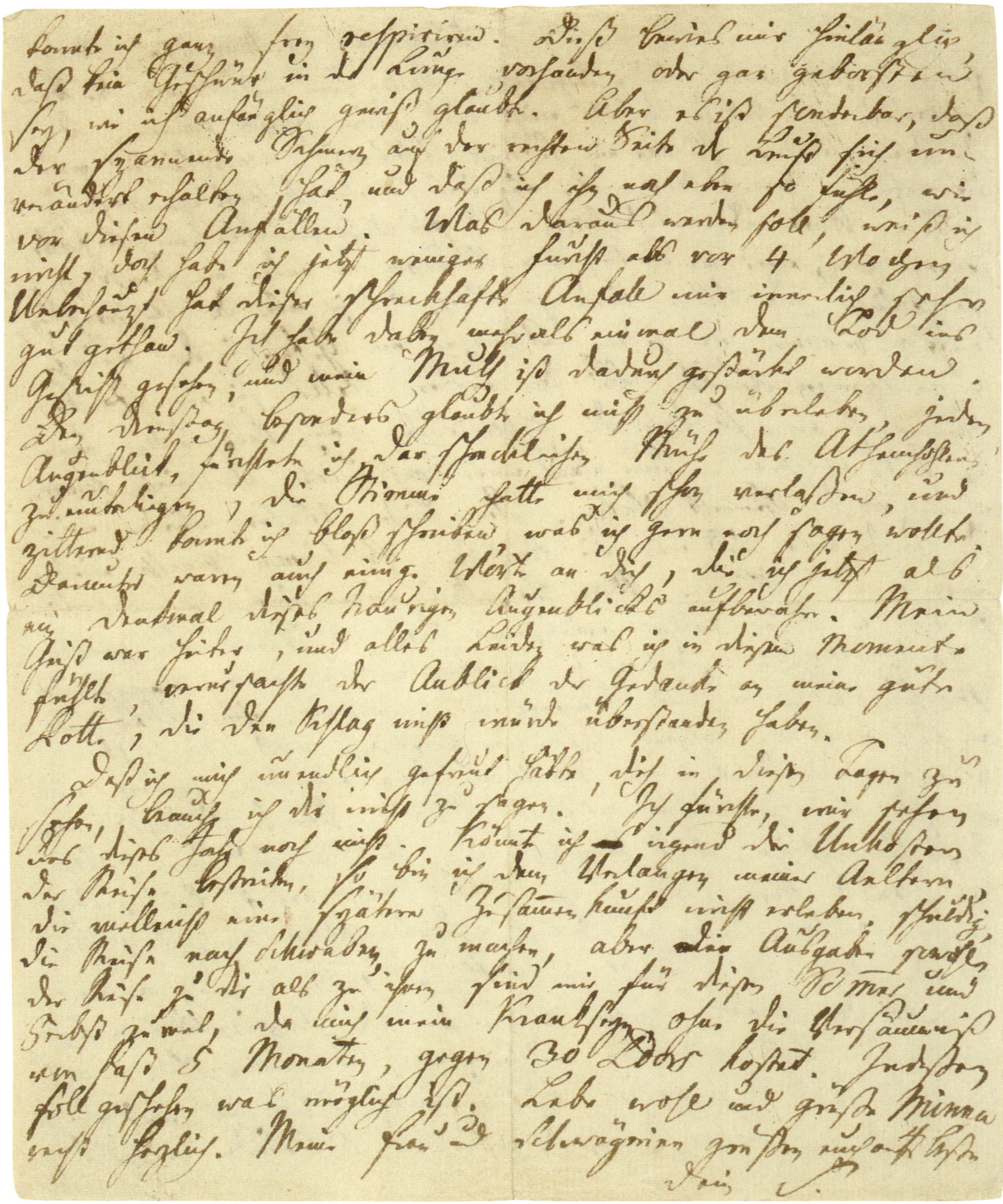
konnte ich ganz frey respiriren. Dieß scheint mir hinlänglich, daß kein Geschwür in der Lunge vorhanden, oder gar geborsten sey, wie ich anfänglich gewiß glaubte. Aber es ist sonderbar, daß der spannende Schmerz auf der rechten Seite der Brust sich unverändert erhalten hat, und daß ich ihn noch eben so fühle, wie vor diesen Anfällen. Was daraus werden soll, weiß ich nicht, doch habe ich jetzt weniger Furcht als vor 4 Wochen. Ueberhaupt hat dieser schreckhafte Anfall mir innerlich sehr gut gethan. Ich habe dabey mehr als einmal dem Tod ins Gesicht gesehen, und mein Muth ist dadurch gestärkt worden. Den Dienstag besonders glaubte ich nicht zu überleben, jeden Augenblick fürchtete ich, dem schrecklichen Ringen des Athemholens zu unterliegen, die Stimme hatte mich schon verlassen, und zitternd konnte ich bloß schreiben, was ich gern noch sagen wollte. Darunter waren auch einige Worte an Dich, die ich jetzt als ein Denkmal dieses traurigen Augenblicks aufbewahre. Mein Geist war heiter, und alles Leiden, was ich in diesem Momente fühlte, verursachte der Anblick, der Gedanke an meine gute Lotte, die den Schlag nicht würde überstanden haben.

Daß ich mich unendlich gefreut hätte, Dich in diesen Tagen zu sehen, brauche ich Dir nicht zu sagen. Ich fürchte, wir sehen uns dieses Jahr noch nicht. Könnte ich irgend die Unkosten der Reise bestreiten, so bin ich dem Verlangen meiner Aeltern, die vielleicht eine spätere Zusammenkunft nicht erleben, schuldig, die Reise nach Schwaben zu machen, aber die Ausgaben zugleich der Reise zu Dir als zu ihnen sind mir für diesen Sommer und Herbst zu viel, da mich meine Krankheit ohne die Versäumniß von fast 5 Monathen, gegen 30 Ldors kostet. Indessen soll geschehen was möglich ist. Lebe wohl und grüße Minna recht herzlich. Meine Frau und Schwägerin grüßen [illegible]

Dein S.

8

AN CHRISTIAN GOTTFRIED KÖRNER

5. Mai 1793

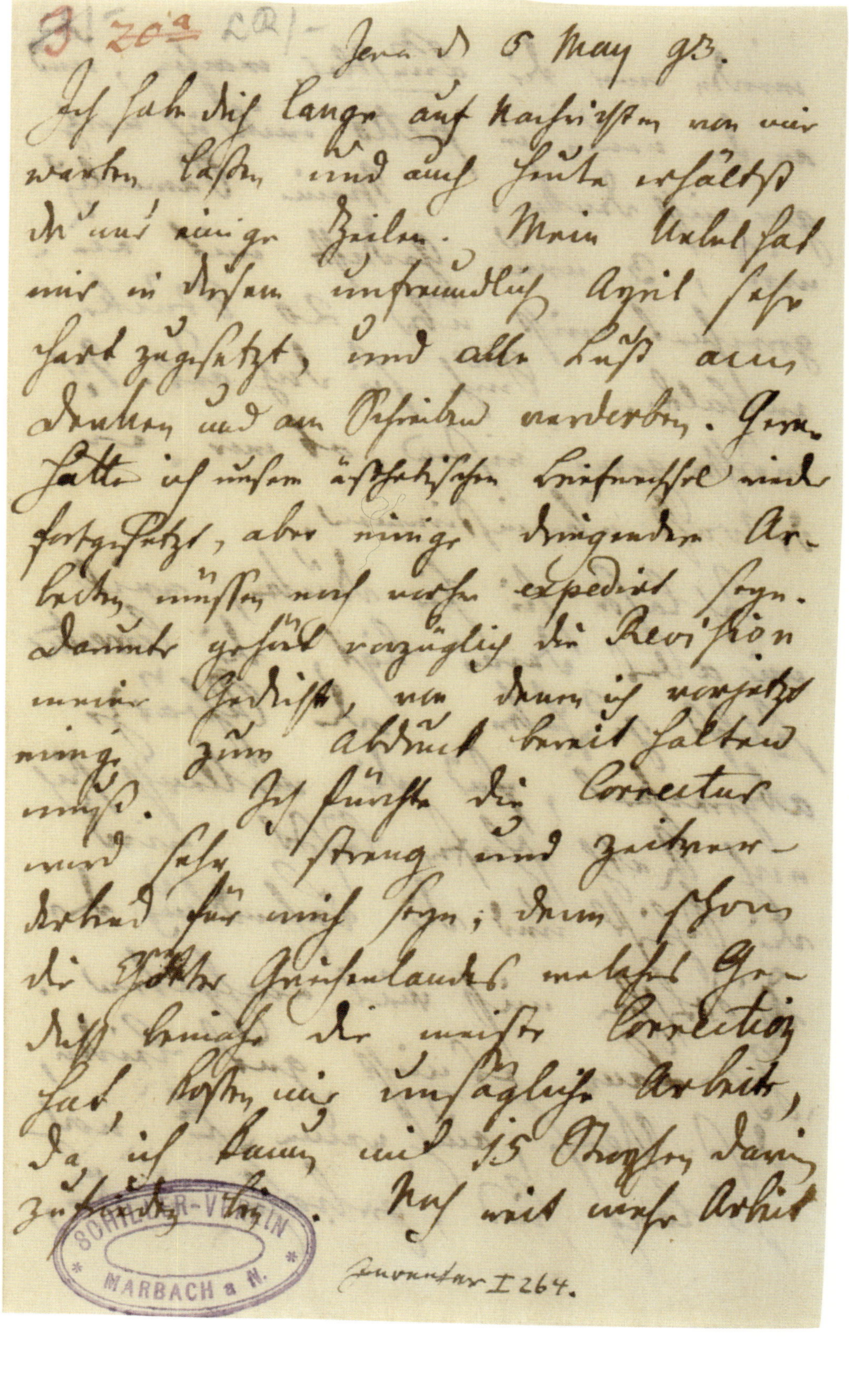

3 20a LR1-

Jena d 5 May 93.

Ich habe dich lange auf Nachrichten von mir warten lassen, und auch heute erhältst du nur einige Zeilen. Mein Uebel hat mir in diesem unfreundlichen April sehr hart zugesetzt, und alle Lust am denken und am Schreiben verderbt. Gerne hätte ich unsern ästhetischen Briefwechsel wieder fortgesetzt, aber einige dringende Arbeiten müßten noch vorher expediert seyn. Darunter gehört vorzüglich die Revision meiner Gedichte, von denen ich vorjetzt einige zum Abdruck bereit halten muß. Ich fürchte die Correctur wird sehr streng und zeitverderbend für mich seyn; denn schon die Götter Griechenlands, welches Gedicht [illegible] der meisten Correction hat, kosten mir unsägliche Arbeit, da ich kaum mit 15 Strophen davon zu Stande kam. Noch weit mehr Arbeit

SCHILLER-VEREIN * MARBACH a N. *

Inventar I 264.

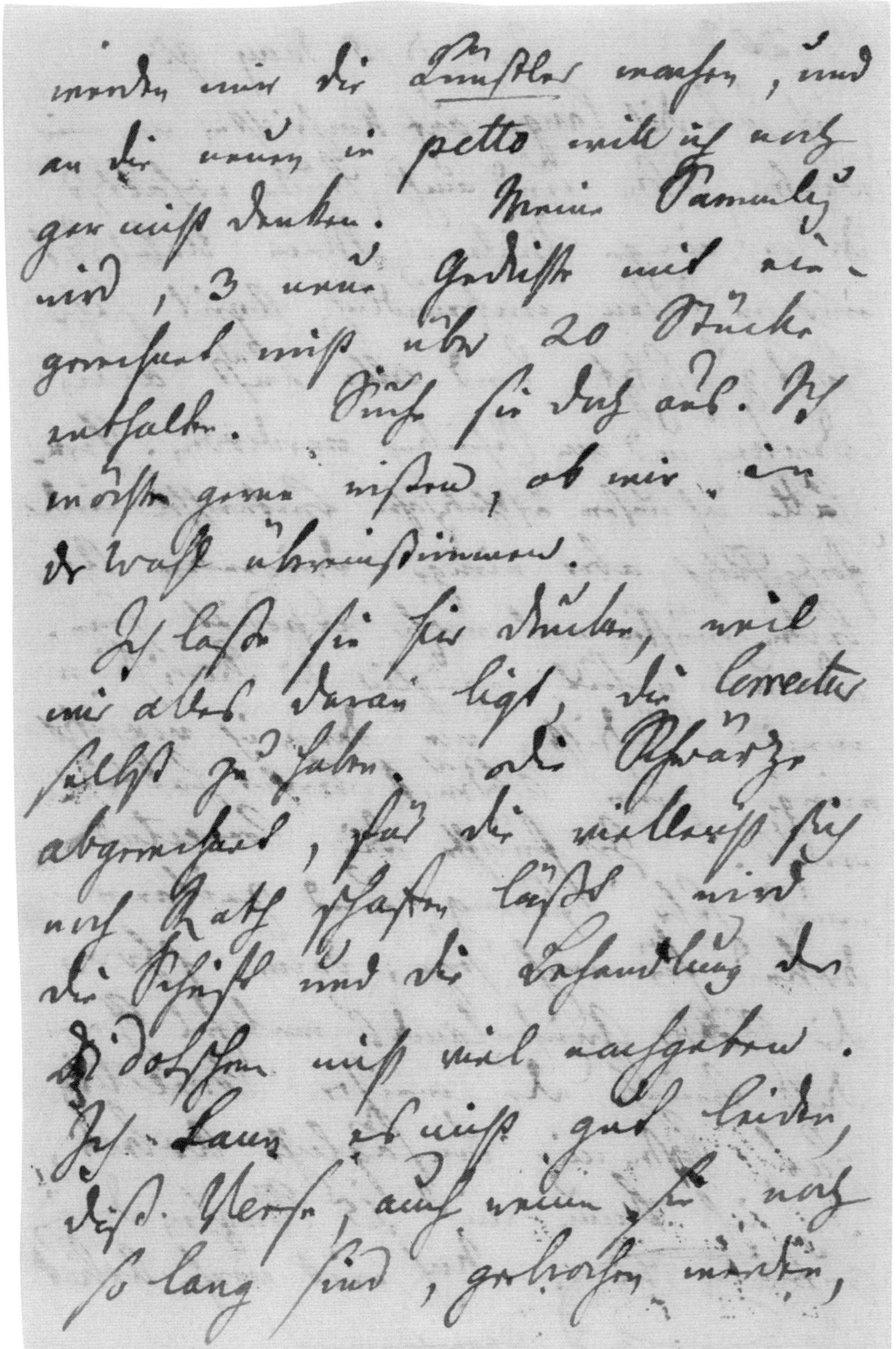
würden mir die Künstler machen, und
an die neuen in petto will ich noch
gar nicht denken. Meine Sammlung
wird, 3 neue Gedichte mit eingerechnet nicht über 20 Stücke
enthalten. Suche sie doch aus. Ich
möchte gerne wissen, ob wir in
der Wahl übereinstimmen.
Ich lasse sie hier drucken, weil
mir aber daran liegt, die Correctur
selbst zu haben, als die Schwärze
abgerechnet, für die will ich mir
noch Rath schaffen lassen wird
die Schrift und die Behandlung der
Göschen nicht viel nachgeben.
Ich kann es nicht gut leiden,
daß die Verse, auch wenn sie noch
so lang sind, gebrochen werden,

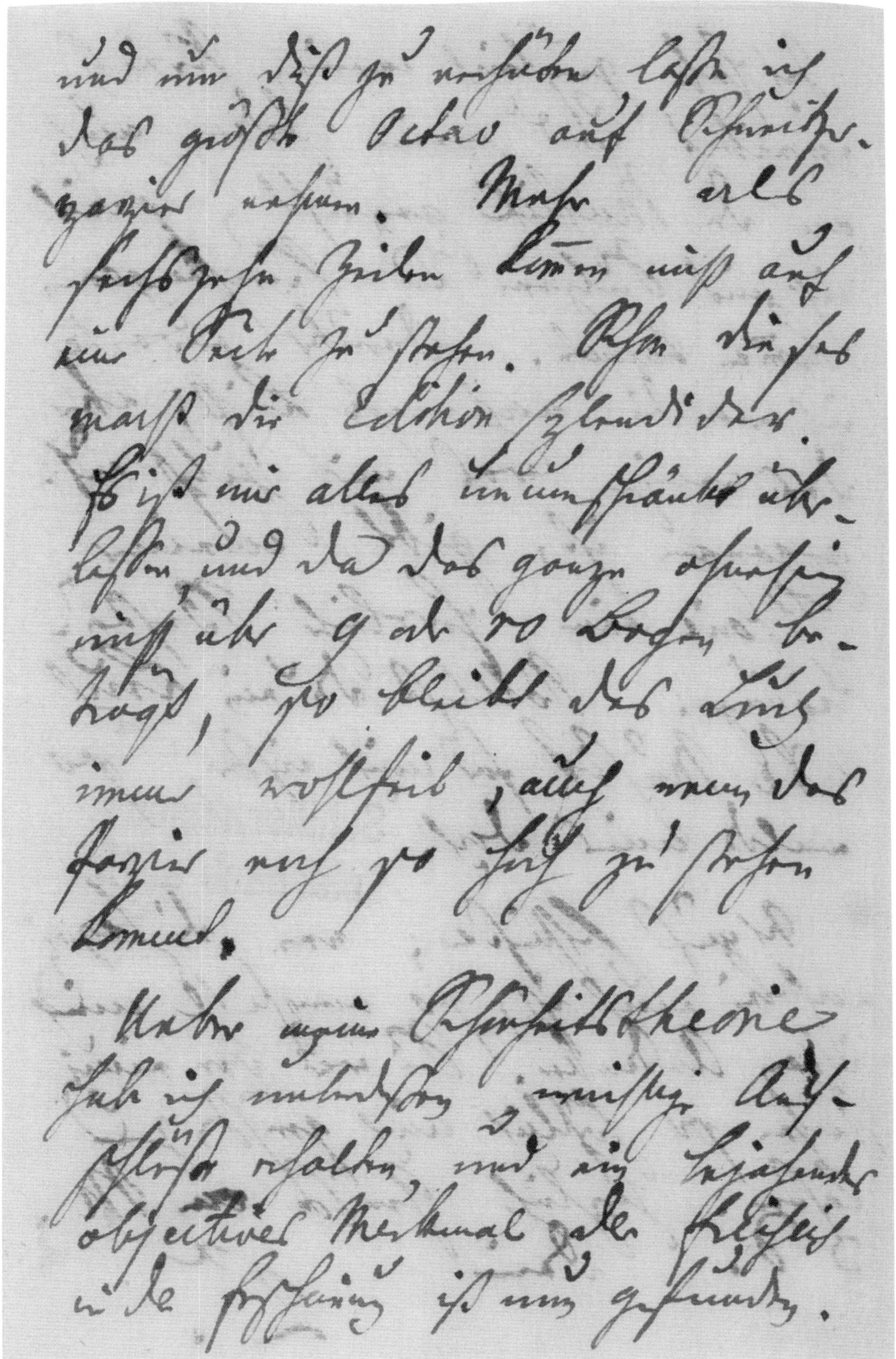

und um dieses zu vermeiden lasse ich das größte Octav auf Schreibpapier nehmen. Mehr als sechszehn Zeilen kann muß auf eine Seite zu stehen. Schon dieses macht die Edition splendider. Es ist mir alles uneingeschränkt überlassen und da das ganze ohngefähr nur über 9 à 10 Bogen beträgt, so bleibt das Buch immer wohlfeil, auch wenn das Papier noch so hoch zu stehen kommt.

Ueber meine Schönheitstheorie habe ich unterdessen wichtige Aufschlüsse erhalten, und ein bejahendes objectives Merkmal der Schönheit in der Erscheinung ist nun gefunden.

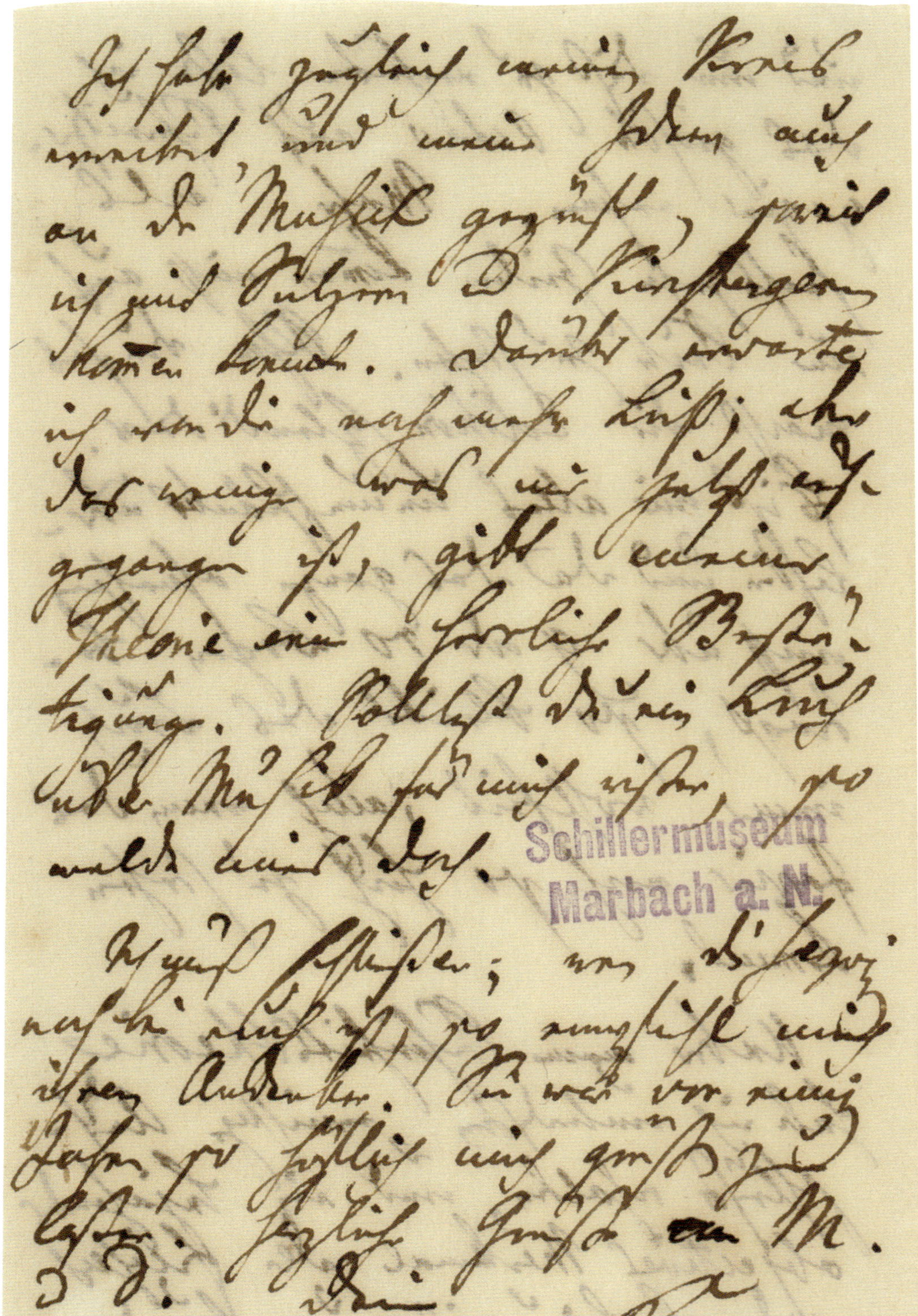

Ich habe zugleich meinen Kreis
erweitert und meine Ideen auch
an der Musik geprüft, seit
ich auch Luthers Kirchengesänge
kennen lerne. Darüber erwarte
ich von dir noch mehr [illegible]; aber
das wenige was mir jetzt aufgegangen ist, gibt meiner
Theorie eine herrliche Bestätigung. Solltest du ein Buch
über Musik für mich wissen, so
melde mir doch.

Schillermuseum
Marbach a. N.

Ich muss schließen; was die Jenny
nach [illegible] ist so [illegible]
ihrem Andenken. Sie war vor einigen
Jahren so herrlich [illegible]
[illegible]. Herzliche Grüße an M.
und d.

Dein
[illegible]

9

AN JOHANN WOLFGANG VON GOETHE

23. August 1794

4

Jena den 23. Aug. 94.

Man brachte mir gestern die angenehme Nachricht, daß Sie von Ihrer Reise wieder zurückgekommen seyen. Wir haben also wieder Hoffnung, Sie vielleicht bald einmal bey uns zu sehen, welches ich an meinem Theil herzlich wünsche. Die neulichen Unterhaltungen mit Ihnen haben meine ganze Ideenmaße in Bewegung gebracht, denn sie betrafen einen Gegenstand, der mich seit etlichen Jahren lebhaft beschäftigt. Ueber so manches, worüber ich mit mir selbst nicht recht einig werden konnte, hat die Anschauung Ihres Geistes (denn so muß ich den Totaleindruck Ihrer Ideen auf mich nennen) ein unerwartetes Licht in mir angesteckt. Mir fehlte das Objekt, der Körper, zu mehreren speculativischen Ideen, und Sie brachten mich auf die Spur davon. Ihr beobachtender Blick, der so still und rein auf den Dingen ruht, setzt Sie nie in Gefahr, auf den Abweg zu gerathen, in den sowohl die Speculation als die willkührliche und bloß sich

selbst gehorchende Einbildungskraft sich zu leicht
verirrt. In Ihrer richtigen Intuition liegt alles
und weit vollständiger, was die Analysis mühsam
sucht, und nur weil es als ein Ganzes in Ihnen
liegt, ist Ihnen Ihr eigener Reichthum verborgen;
denn leider wissen wir nur das, was wir
scheiden. Geister Ihrer Art wissen daher selten,
wie weit sie gedrungen sind, und wie wenig Ursache sie haben, von der Philosophie zu borgen,
die nur von Ihnen lernen kann. Diese kann bloß
zergliedern, was ihr gegeben wird, aber das Geben
selbst ist nicht die Sache des Analytikers, sondern
des Genies, welches unter dem dunkeln aber
sichern Einfluß reiner Vernunft nach objectiven
Gesetzen verbindet.

Lange schon habe ich, obgleich aus ziemlicher
Ferne, dem Gang Ihres Geistes zugesehen
und den Weg, den Sie sich vorgezeichnet haben,
mit immer erneuerter Bewunderung bemerkt. Sie
suchen das Nothwendige der Natur, aber Sie
suchen es auf dem schwersten Wege, vor welchem

jede schwächere Kraft sich wohl hüten wird. Sie
nehmen die ganze Natur zusammen, um über das
Einzelne Licht zu bekommen; in der Allheit ihrer
Erscheinungsarten suchen Sie den Erklärungsgrund
für das Individuum auf. Von der einfachen
Organisation steigen Sie, Schritt vor Schritt,
zu den mehr verwickelten hinauf, um endlich die
verwickeltste von allen, den Menschen, genetisch
aus den Materialien des ganzen Naturgebäudes
zu erbauen. Dadurch, daß Sie ihn der Natur
gleichsam nacherschaffen, suchen Sie in seine verborgene Technik einzudringen. Eine große und
wahrhaft heldenmäßige Idee, die zur Genüge
zeigt, wie sehr Ihr Geist das reiche Ganze
seiner Vorstellungen in einer schönen Einheit zusammenhält. Sie können niemals gehofft haben
daß Ihr Leben zu einem solchen Ziele zureichen
werde, aber einen solchen Weg auch nur einzuschlagen, ist mehr werth, als jeden andern
zu endigen, — und Sie haben gewählt, wie
Achill in der Ilias zwischen Phthia und der

Unsterblichkeit. Wären Sie als ein Grieche, ja nur als ein Italiener gebohren worden, und hätte schon von der Wiege an eine auserlesene Natur und eine idealisierende Kunst Sie umgeben, so wäre Ihr Weg unendlich verkürzt, vielleicht ganz überflüßig gemacht worden. Schon in die erste Anschauung der Dinge hätten Sie dann die Form des Nothwendigen aufgenommen, und mit Ihren ersten Erfahrungen hätte sich der große Styl in Ihnen entwickelt. Nun da Sie ein Deutscher gebohren sind, da Ihr griechischer Geist in diese nordische Schöpfung geworfen wurde, so blieb Ihnen keine andere Wahl, als entweder ~~zu~~ selbst zum nordischen Künstler zu werden, oder Ihrer Imagination das, was ihr die Wirklichkeit vorenthielt, durch Nachhülfe der Denkkraft zu ersetzen, und so gleichsam von innen heraus und auf einem rationalen Wege ein Griechenland zu gebähren. In derjenigen Lebensepoche, wo die Seele sich aus der äußern Welt ihre innere bildet, von mangelhafte Gestalten umringt, hatten Sie schon eine wilde und nordische Natur in sich aufgenommen, als Ihr siegendes, seinem Material überlegenes Genie diesen Mangel von innen entdeckte, und von außen her durch die Bekanntschaft mit der griechischen Natur davon vergewissert wurde. Jetzt mußten Sie die alte, Ihrer Einbildungskraft schon aufgedrungene schlechtere Natur nach dem beßeren Muster, das Ihr bildender Geist sich erschuf, corrigieren, und das kann nun freilich nicht anders als nach leitenden Begriffen von statten gehen. Aber diese logische Richtung, welche der Geist bey der Reflexion zu nehmen genöthigt ist, verträgt sich nicht wohl mit der aesthetischen, durch welche allein er bildet. Sie hatten also eine Arbeit mehr, denn so wie Sie von der Anschauung zur Abstraktion übergiengen, so mußten Sie nun rückwärts Begriffe wieder in Intuitionen umsetzen und Gedanken in Gefühle verwandeln, weil nur durch diese das Genie hervorbringen kann.

So ungefähr beurtheile ich den Gang Ihres Geistes,
und ob ich recht habe, werden Sie selbst am
besten wissen. Was Sie aber schwerlich wissen
können (weil das Genie sich immer selbst das größte
Geheimniß ist) ist die schöne Uebereinstimmung
Ihres philosophischen Instinktes mit den reinsten
Resultaten der speculirenden Vernunft. Beym
ersten Anblicke zwar scheint es, als könnte es
keine größern Opposita geben, als den speculativen Geist, der von der Einheit, und den intuitiven, der von der Mannigfaltigkeit ausgeht. Sucht
aber der erste mit keuschem und treuem Sinn
die Erfahrung, und sucht der letzte mit selbstthätiger
freier Denkkraft das Gesetz, so kann es
gar nicht fehlen, daß nicht beide einander auf halbem
Wege begegnen werden. Zwar hat der intuitive
Geist nur mit Individuen und der speculative
nur mit Gattungen zu thun. Ist aber der intuitive
genialisch und sucht er in dem empirischen den
Caracter der Nothwendigkeit auf, so wird er zwar
immer Individuen aber mit dem Caracter

der Gattung erzeugen; und ist der speculative Geist genialisch, und verliert er, indem er sich darüber erhebt, die Erfahrung nicht, so wird er zwar immer nur Gattungen, aber mit der Möglichkeit des Lebens und mit gegründeter Beziehung auf wirkliche Objekte erzeugen.

Aber ich bemerke, daß ich anstatt eines Briefes eine Abhandlung zu schreiben im Begriff bin – verzeihen Sie es dem lebhaften Interesse, womit dieser Gegenstand mich erfüllt hat; und sollten Sie Ihr Bild in diesem Spiegel nicht erkennen, so bitte ich sehr, fliehen Sie ihn darum nicht.

Die kleine Schrift von Moritz, die H. von Humboldt sich noch auf einige Tage ausbittet, habe ich mit großem Interesse gelesen, und danke derselben einige sehr wichtige Belehrungen. Es ist eine ~~[illegible]~~ wahre Freude sich von einem instinktartigen Verfahren, welches auch gar leicht irreführen kann, eine deutliche Rechenschaft zu geben, und so Gefühle durch Gesetze zu berichtigen. Wenn man die Moritzische Ideen verfolgt, so sieht man nach und nach in die Anarchie der Sprache eine gar

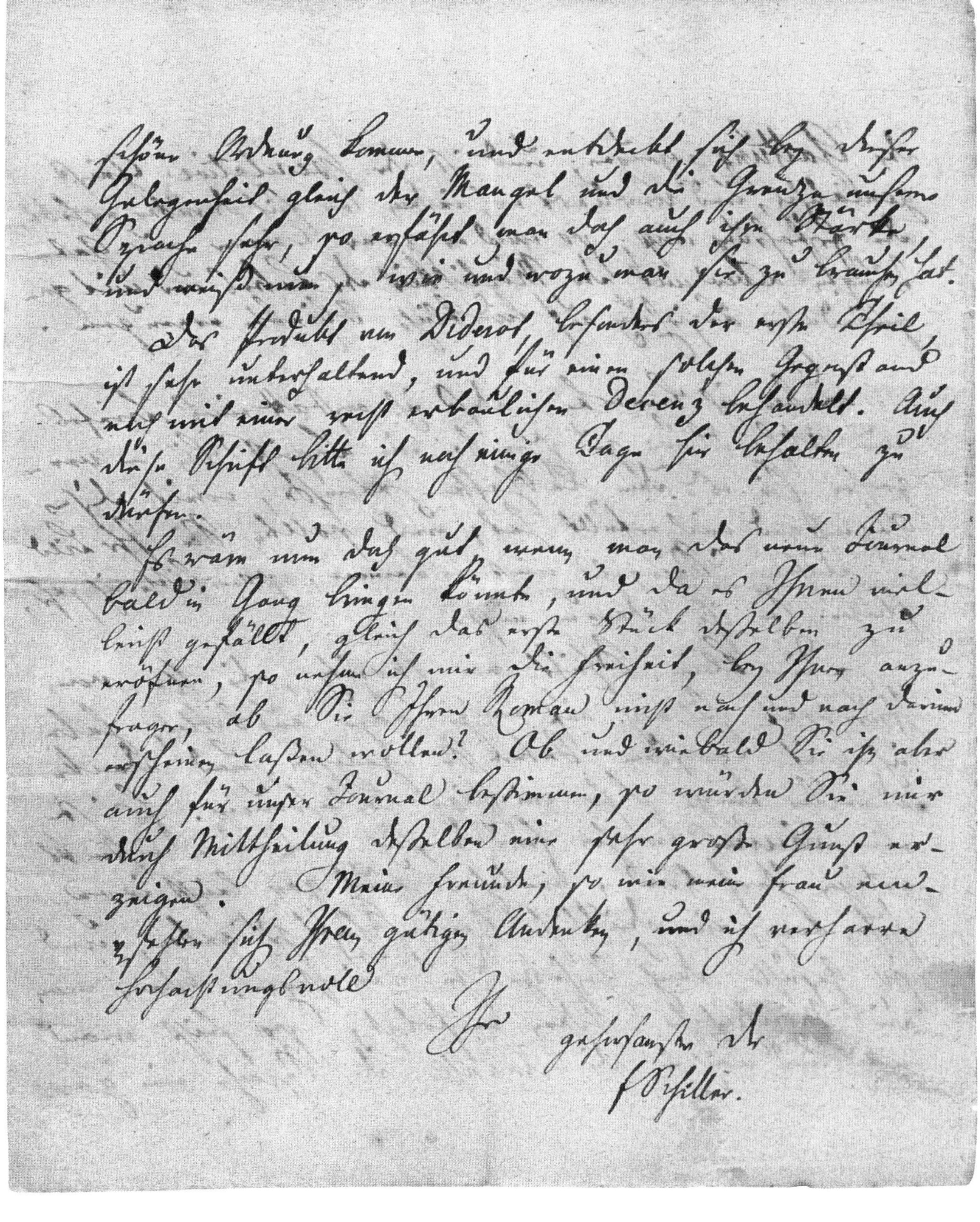
schöne Ordnung kommen, und entdeckt sich bey dieser Gelegenheit gleich der Mangel und die Grenze unserer Sprache sehr, so erfährt man doch auch ihre Stärke und weiß denn, wie und wozu man sie zu brauchen hat.

Das Product von Diderot, besonders der erste Theil ist sehr unterhaltend, und für einen solchen Gegenstand noch mit einer recht erbaulichen Decenz behandelt. Auch diese Schrift bitte ich noch einige Tage hier behalten zu dürfen.

Es wäre nun doch gut, wenn man das neue Journal bald in Gang bringen könnte, und da es Ihnen vielleicht gefällt, gleich das erste Stück desselben zu eröfnen, so nehme ich mir die Freiheit, bey Ihnen anzufragen, ob Sie Ihren Roman nicht nach und nach darinn erscheinen lassen wollen? Ob und wie bald Sie ihn aber auch für unser Journal bestimmen, so würden Sie mir durch Mittheilung desselben eine sehr große Gunst erzeigen. Meine Freunde, so wie meine Frau empfehlen sich Ihrem gütigen Andenken, und ich verharre hochachtungsvoll

Ihr

gehorsamster Dr

F Schiller.

10

AN HERZOG FRIEDRICH CHRISTIAN VON SCHLESWIG-HOLSTEIN-AUGUSTENBURG

4. März 1795

6

Durchlauchtigster Herzog,

Gnädigster Herr,

Ich habe es vor einigen Wochen gewagt, Ew. Durchlaucht das erste Stück meiner Monathschrift, welches den Anfang meiner aesthetischen Briefe enthält, in Unterthänigkeit zu überreichen. Erlauben Sie mir nunmehr, gnädigster Herr, Ihnen auch die fernere Fortsetzung dieser

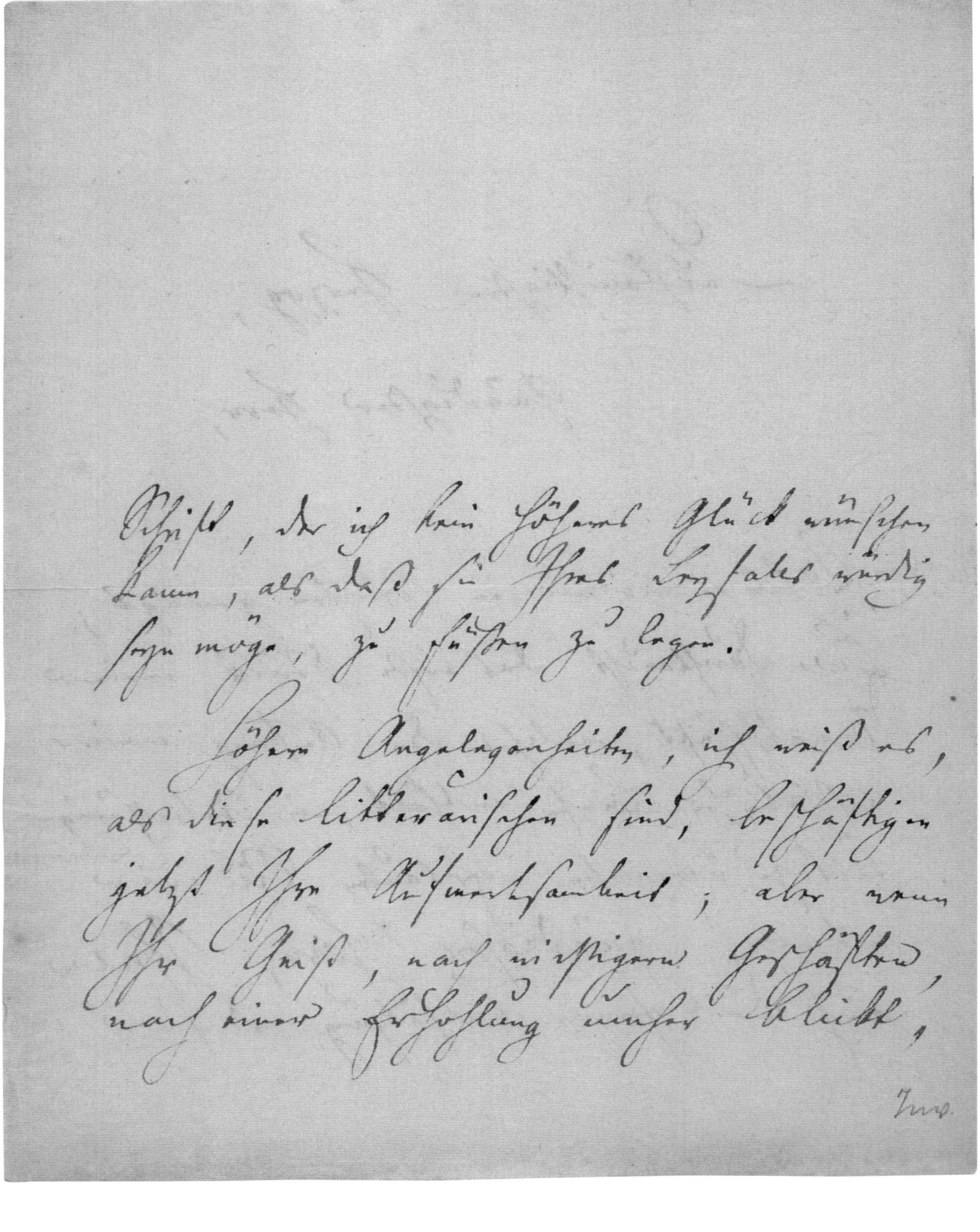

Schrift, der ich kein höheres Glück wünschen
kann, als daß sie Ihres Inhaltes würdig
seyn möge, zu Füßen zu legen.

Höhere Angelegenheiten, ich weiß es,
als diese litterarischen sind, beschäftigen
jetzt Ihre Aufmerksamkeit; aber wenn
Ihr Geist, nach wichtigern Geschäften,
nach einer Erholung umher blickt,

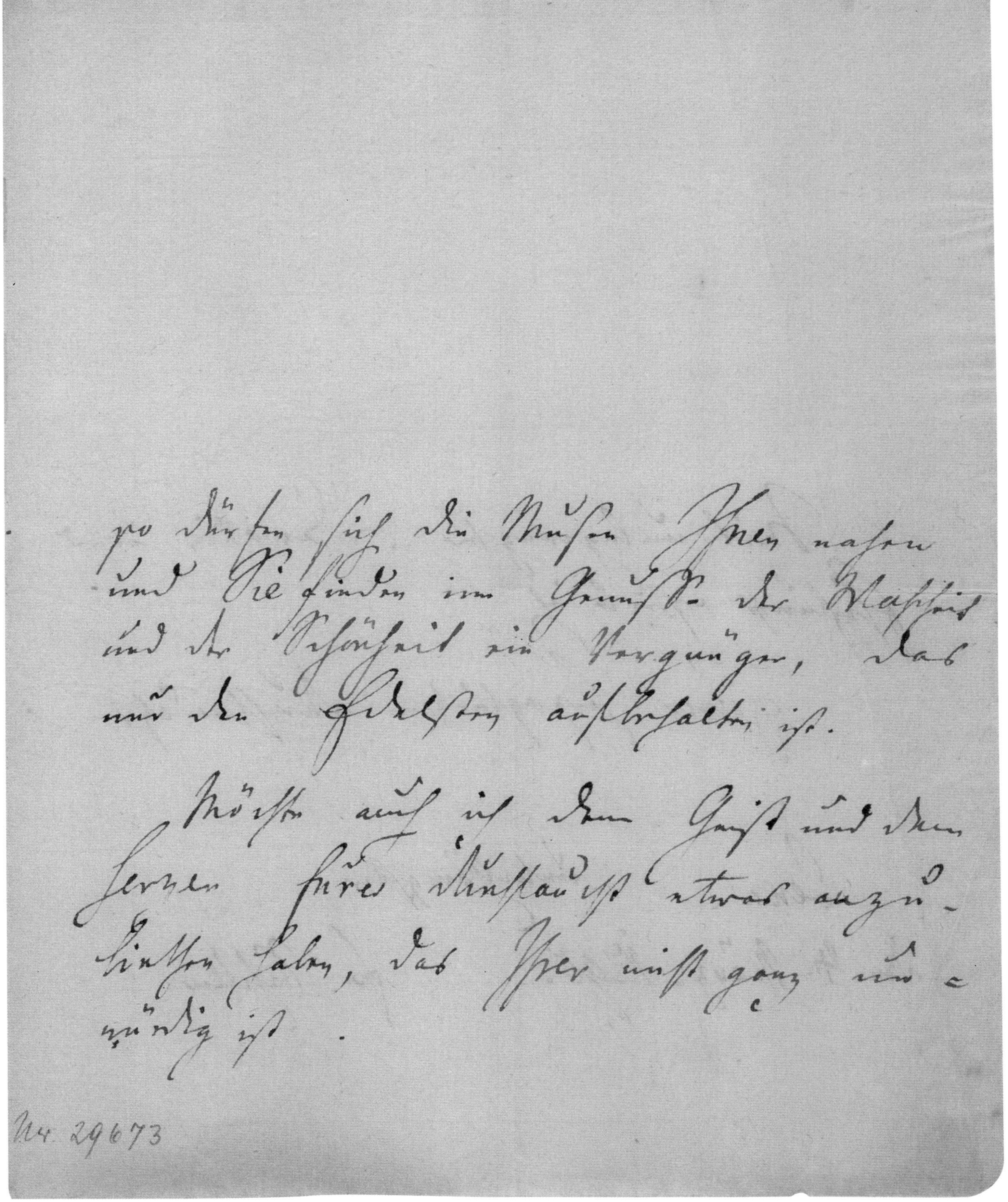
so dürfen sich die Musen Ihnen nahen
und Sie finden im Genuße der Wahrheit
und der Schönheit ein Vergnügen, das
nur den Edelsten aufbehalten ist.

Möchte auch ich dem Geist und dem
Herzen Ihres [illegible] etwas anzu-
kündigen haben, das Ihrer nicht ganz unwürdig ist.

Nr. 29673

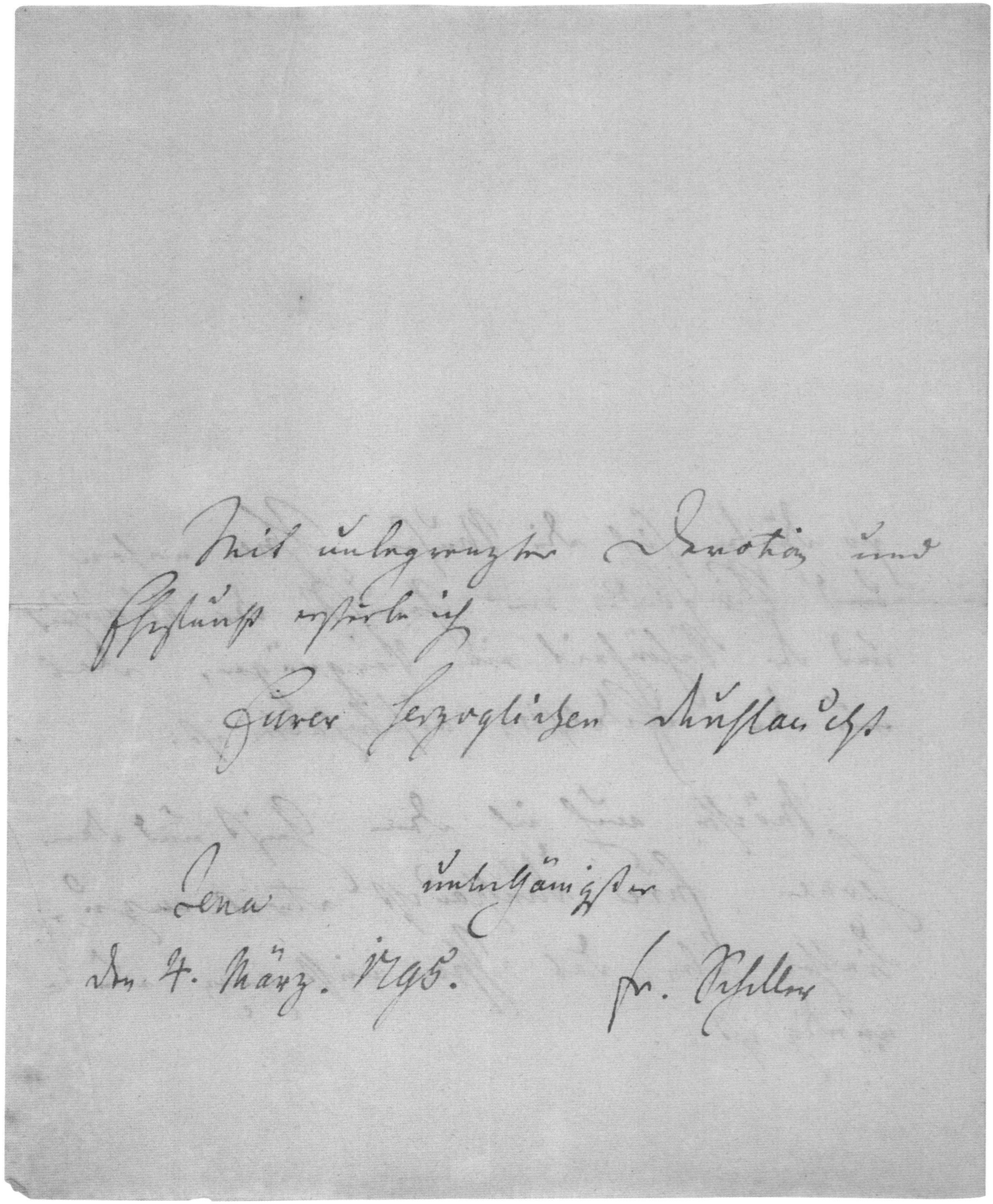

Mit unbegrenzter Devotion und
Ehrfurcht ersterbe ich
Eurer Herzoglichen Durchlaucht

Jena unterthänigster
den 4. März. 1795. Fr. Schiller

11

AN JOHANN FRIEDRICH REICHARDT

3. August 1795

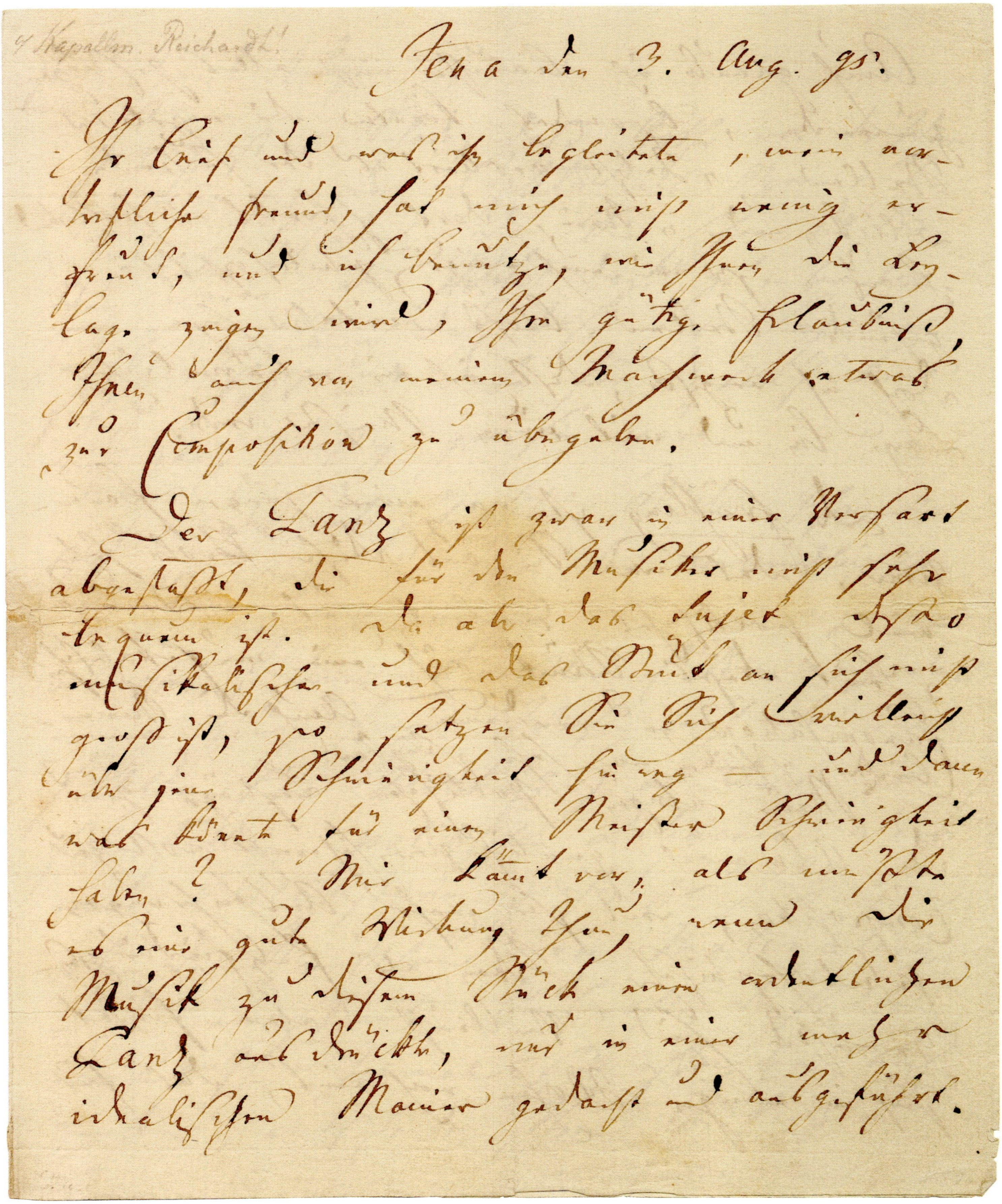
v. Kapellm. Reichardt.

Jena den 3. Aug. 95.

Ihr Brief und was ihn begleitete, mein ver-
ehrtester Freund, hat mich nicht wenig erfreut, und ich benutze, wie Ihnen die Beylage zeigen wird, Ihre gütige Erlaubniß
Ihnen auch von meinem Machwerk etwas
zur Composition zu übergeben.

Der Tanz ist zwar in einer Versart
abgefaßt, die für den Musiker nicht sehr
bequem ist. Da aber das Sujet sehr
musikalisches und das Stück an sich nicht
groß ist, so setzen Sie sich vielleicht
über jene Schwierigkeit hinweg — und denn
was könnte für einen Meister Schwierigkeit
haben? Mir kommt vor, als müßte
es eine gute Wirkung thun, wenn die
Musik zu diesem Stück einen ordentlichen
Tanz ausdrückte, nur in einer mehr
idealischen Manier gedacht und ausgeführt.

Auch glaube ich könnte nicht alles gesungen
zu werden, besonders könnten die einzelnen
Stellen „Selbst verliert es der suchende
Blick,“ und „Nein, dort schwebt es schwebend
hoch“ so wie auch einige philosophische
gehende Stellen bloss recitativ seyn
doch ich vergesse, dass ich ein erbärmlicher
Laye bin und mit einem Meister rede.

Der Frühling ist von einem jungen Frauenzimmer, das wie Sie aus dieser Probe sehen,
viel poetisches Talent hat. Mir
scheint dieses Stück auch eine musikalische
Composition zu verdienen. Auch die Minnelieder scheinen mir sehr singbar.

Meine übrigen poetischen Beyträge zu
dem Almanach qualificiren sich nicht wohl zur
Composition, weil sie mehr Ausführungen
philosophischer Ideen als Empfindungsgemählde sind. Vielleicht aber findet
sich in einigen Wochen noch eins, das für

ihren Zweck taugt.
Freylich ist es Schade, daß Göthe von der Idee
abgekommen ist, den Cophta als Oper auszuführen, besonders da Sie schon auf dem
Weg waren die Musik dazu zu unternehmen.
Indessen glaube ich doch, daß das Sujet an
sich zu kalt und daher für die Musik eben
nicht ganz günstig gewesen wäre.
Für die überschickten Stücke Ihres
Journals sage ich Ihnen den verbindlichsten
Dank. Beynahe hätte es mich anfangs
verdrossen, einen Künstler (der noch das
einzige ganz freye Wesen auf dieser
sublunarischen Welt ist) an die
schwerfälligen politischen Diligence der
neuen Weltgeschichte ziehen zu sehen;
aber der Reichthum von Materialien
und die interessante Auswahl derselben
welche Ihr Journal so offenbar auszeichnen, entscheiden Ihren Beruf zu

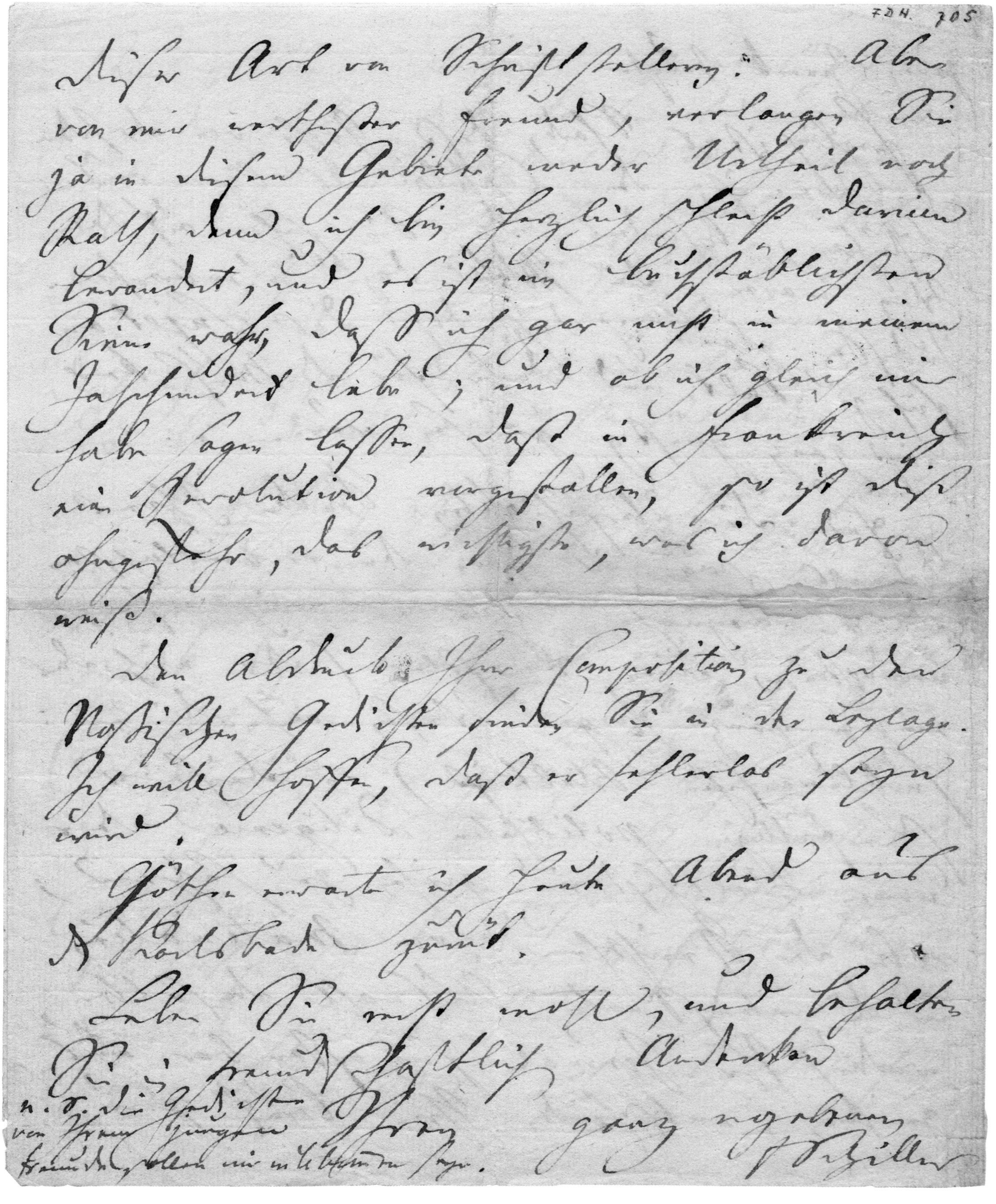
FDH. 705

dieser Art von Schriftstellern. Aber von mir werthester Freund, verlangen Sie ja in diesem Gebiete weder Urtheil noch Rath, denn ich bin herzlich schlecht darinn bewandert, und es ist im buchstäblichsten Sinne wahr, daß ich gar nicht in meinem Jahrhundert lebe; und ob ich gleich einmal habe sagen laßen, daß in Frankreich eine Revolution vorgefallen, so ist dieß ohngefehr das wichtigste, was ich davon weiß.

Den Abdruck Ihrer Composition zu den Nostizischen Gedichten finden Sie in der Beylage. Ich will hoffen, daß er fehlerlos seyn wird.

Göthe erwarte ich heute Abend aus Karlsbad zurück.

Leben Sie recht wohl, und erhalten Sie mir freundschaftlich Andenken

Ihr ganz ergebener
Schiller

N. S. Die Gedichte von Ihrer Schwägerin freundlich sollen mir willkommen seyn.

12

AN ELISABETHA DOROTHEA SCHILLER

19. September 1796

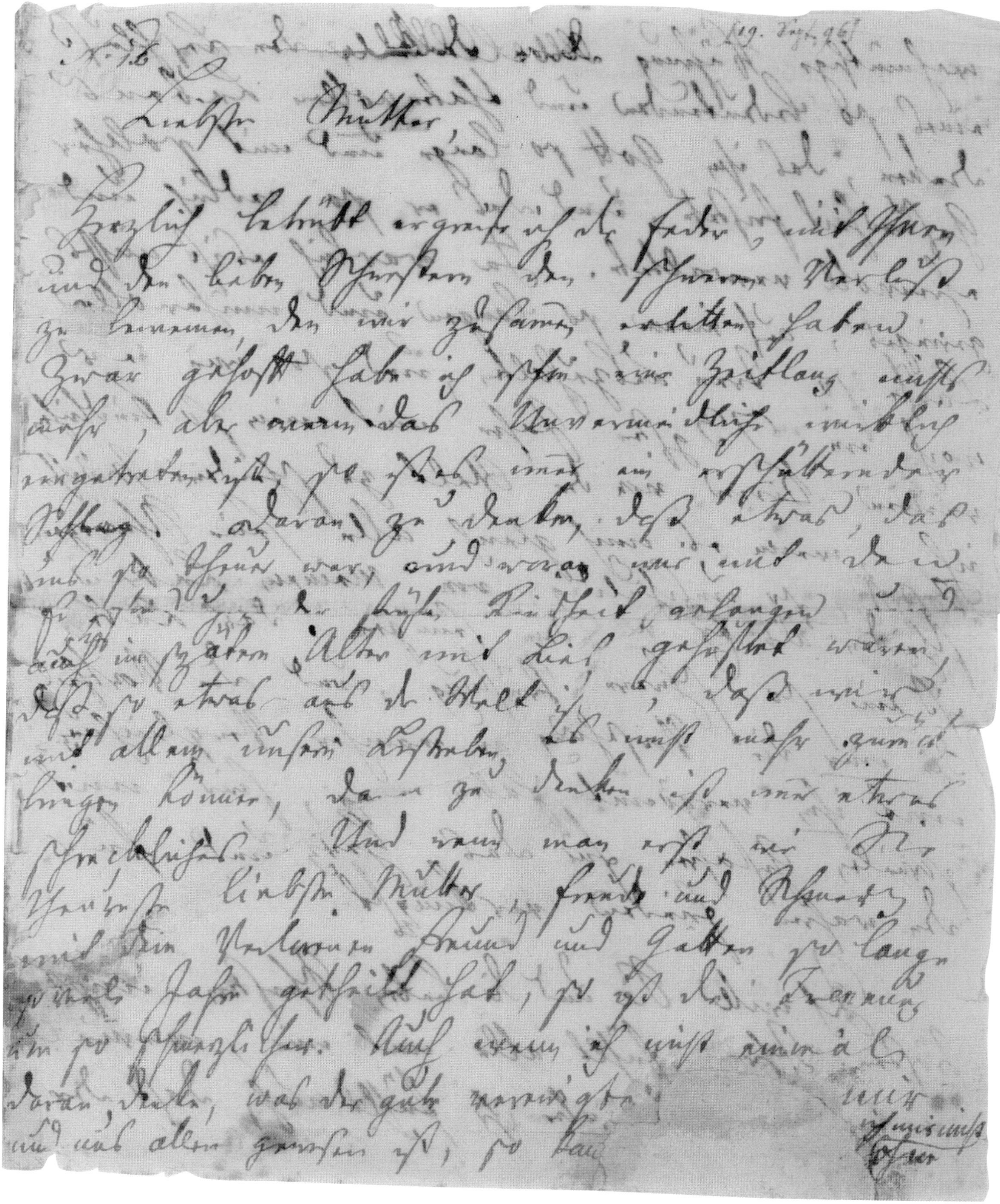

N. 10 [19. Sept. 96]

Liebste Mutter!

Herzlich betrübt ergreife ich die Feder, um Ihnen und den lieben Geschwistern den schweren Verlust zu beweinen, den wir zusammen erlitten haben. Zwar gehofft habe ich schon eine Zeitlang nicht mehr, aber wenn das Unvermeidliche wirklich eingetreten ist, so ist es immer ein erschütternder Schlag. Daran zu denken, daß etwas, das uns so theuer war, und woran wir und die [illegible] auch im spätern Alter mit Liebe gehangen wären, daß so etwas aus der Welt ist, daß wir mit allem unserm Bestreben es nicht mehr zurückbringen können, daran zu denken ist nur etwas Schreckliches. Und wenn man erst wie Sie theurste liebste Mutter Freude und Schmerz mit dem Verlorenen Freund und Gatten so lange Jahre getheilt hat, so ist die Trennung um so schmerzlicher. Auch wenn ich nicht einmal daran denke, was der gute Verewigte mir und uns allen gewesen ist, so kann

wehmüthige Führung ~~[illegible]~~ der Beschluß
eines so bedeutenden und thatenvollen Lebens
denken, daß ihm Gott so lange und mit solcher
Gesundheit fristete, und daß er sie so redlich und
ehrenvoll verwaltete. Ja wahrlich es ist nichts
geringes, auf einem so langen und mühevollen
Lauf so treu auszuhalten, und so wie er
noch im 73sten Jahr mit einem so kindlichen
reinen Sinn von der Welt zu scheiden. Möchte
ich, wenn es mir gleich alle seine Schmerzen
kostete, so unschuldig von meinem Leben
scheiden als er von den seinigen; das Leben
ist mir so schwere Prüfung, und die Vortheile
die mir die Vorsehung in mancher Vergleichung
mit ihm vergönnt haben mag, sind mir
schmälere Gefahren für das Herz und für
den wahren Frieden verkümmert.

Ich will Sie und die liebe Schwester nicht
trösten. Ich fühle alles mit mir, wiewohl
aber ich fühle auch, daß der

w. z.

Gott allein dieses lange Leiden endigen konnte.
Unserm theuren Vater ist wohl, und wir alle
müssen und werden ihm folgen; Nie wird sein
Bild aus unserm Herzen erlöschen, und der
Schmerz um ihn soll uns nur noch enger unter
einander vereinigen.

Vor 5 und 6 Jahren hat es mich geschienen
daß Ihr, meine Lieben, nach einem solchen
Verluste noch einen Freund an ~~[illegible]~~ meinem [illegible]
finden, daß sich der l. Vater überleben würde.
Gott hat es anders gefügt und es [illegible] nur
nach der [illegible], sich etwas [illegible] [illegible]
Wie bereit ich dazu bin, darf ich auch wohl
nicht mehr versichern. Wir kennen einander
alle auf diesen Punkt und sind des lieben
Vaters nicht unwürdige Kinder.

Die theure Mutter müssen [illegible] Ihr Schicksal
jetzt ganz selbst wählen und in Ihrem
[illegible] voll [illegible] [illegible] [illegible] Leiden. Tragen
Sie [illegible] selbst, wo Sie am liebsten leben [illegible]
bey uns ~~oder bey [illegible]~~ [illegible] oder im Vaterland
und der Louise! ~~[illegible]~~ [illegible] falls da

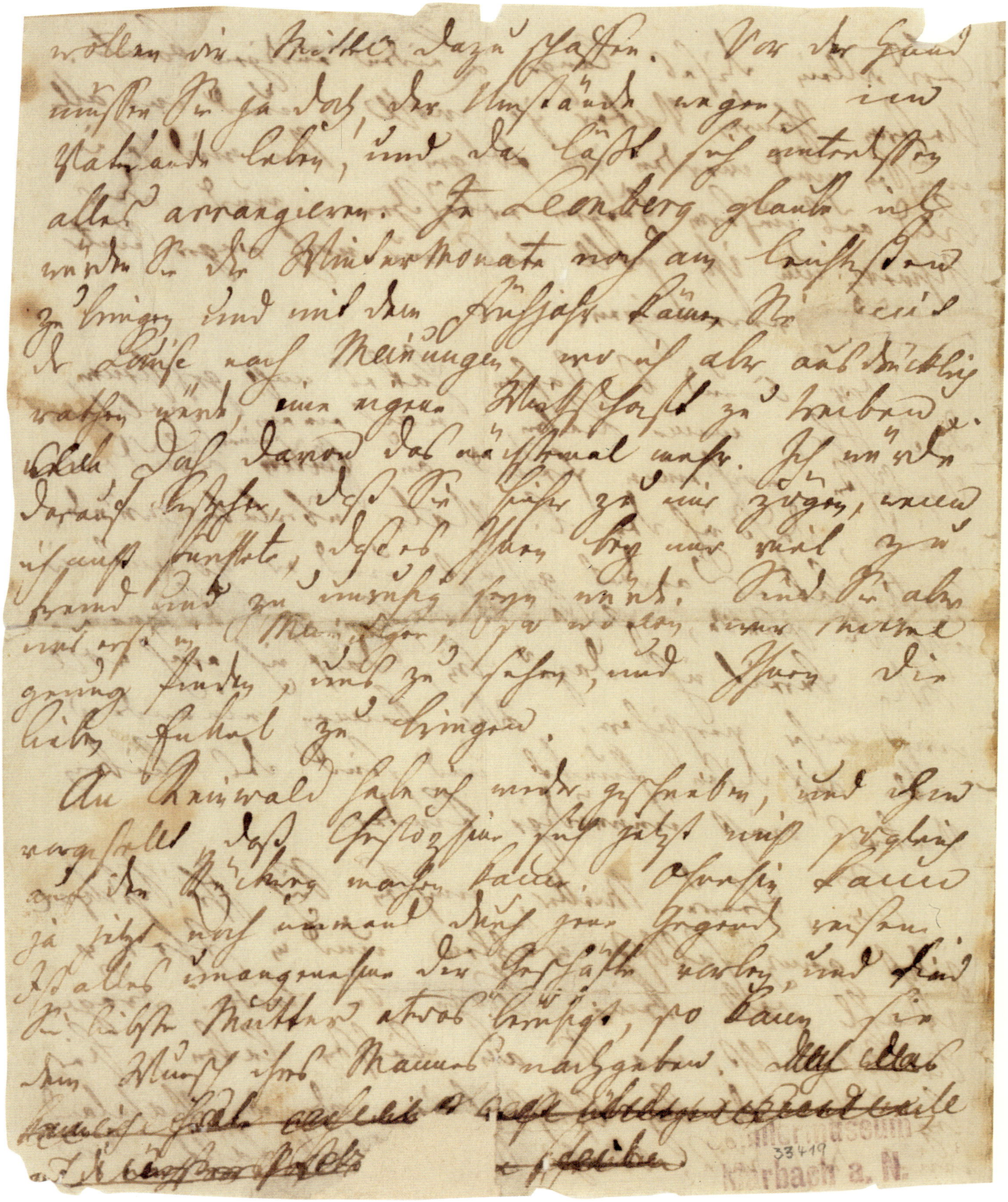
wollen wir Mittel dazu schaffen. Vor der Hand
müssten Sie ja doch der Umstände wegen im
Stuttgardt leben, und da lässt sich unterdessen
alles arrangieren. In Leonberg glaube ich
würden Sie die Wintermonate noch am leichtesten
zubringen und mit dem Frühjahr können Sie mit
der Louise nach Meiningen wo ich aber auch sicherlich
machen würde eine eigne Wirthschaft zu treiben.
Weil doch davon das nächstemal mehr. Ich würde
darauf bestehen, daß Sie gleich zu mir zögen, wenn
ich nicht fürchtete, daß es Ihnen hier nur viel zu
fremd und zu unruhig seyn würde. Sind Sie aber
nur erst in Meiningen, so wollen wir Mittel
genug finden, uns zu sehen, und Ihnen die
liebe Enkel zu bringen.

An Reinwald habe ich wieder geschrieben, und ihm
vorgestellt daß Christophine sich jetzt nicht füglich
aus der Wohnung machen könne. Ohnehin können
ja jetzt noch niemand durch ihre Gegenwart weisen
Ist alles unangenehme die Geschäfte vorbey, und sind
Sie liebste Mutter etwas beruhigt, so kann sie
dem Wunsch ihres Mannes nachgeben.

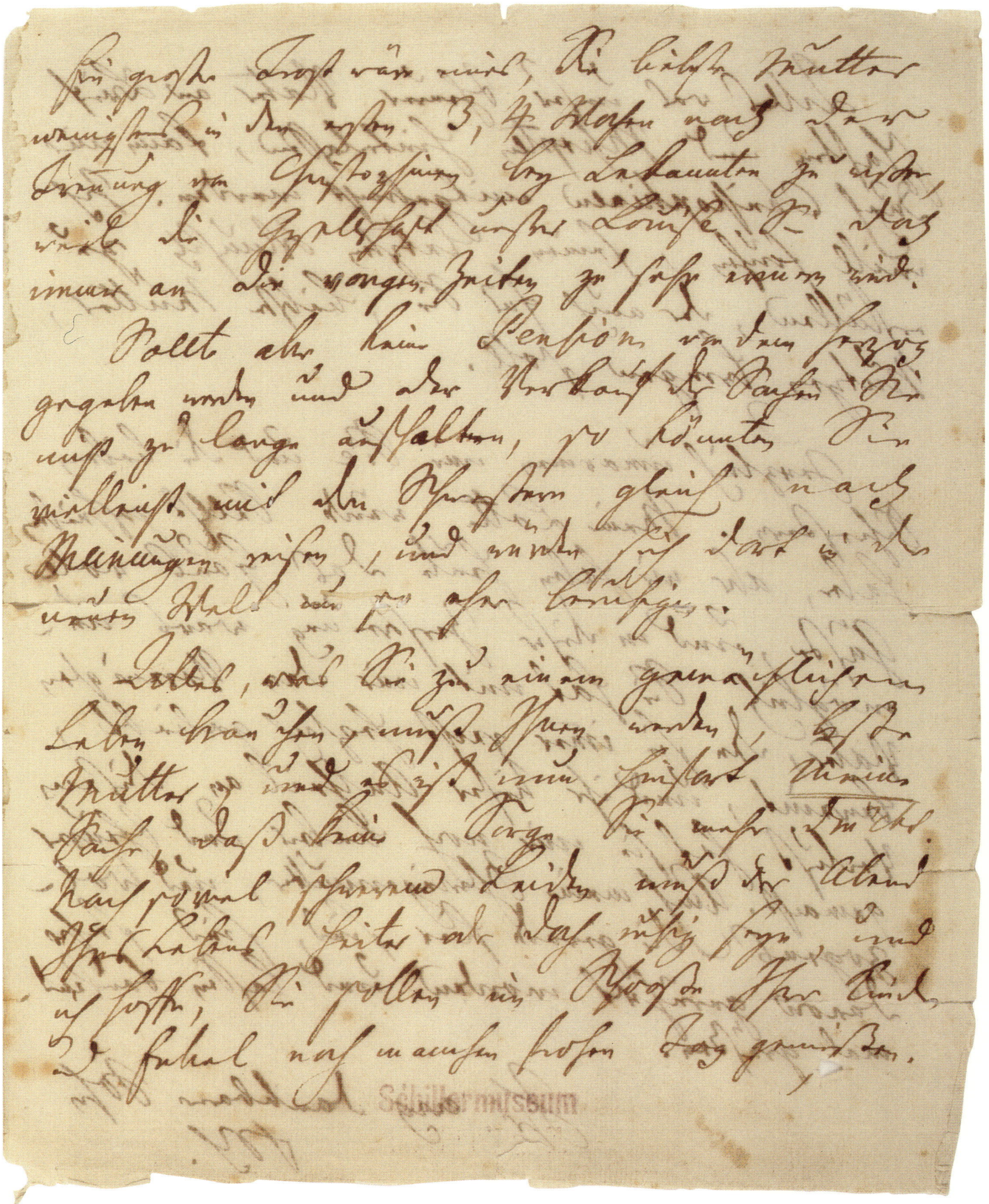
Ein großer Trost wäre mir, die liebste Mutter
wenigstens in den ersten 3, 4 Wochen nach der
Trennung von Christophine bey Bekannten zu wissen
weil die Gesellschaft unsrer Louise — das
immer an die vorigen Zeiten zu sehr erinnern wird.
Sollte aber keine Pension von dem Herzog
gegeben werden und der Verkauf der Sachen Sie
auch zu lange aufhalten, so könnten Sie
vielleicht mit der Schwester gleich nach
Meiningen reisen, und wieder sich dort in der
neuen Welt und so eher beruhigen.
Liebe, daß Sie zu einem gemächlichern
Leben kommen müssen, werden, beste
Mutter und dieß ist nun hinfort meines
Herzens, daß keine Sorge Sie mehr drücke.
Nach so viel schweren Leiden muß der Abend
Ihres Lebens heiter und desto ruhiger seyn und
erhellter. Sie sollen im Schoße Ihrer Kinder
und Enkel noch manchen frohen Tag genießen.
Schillermuseum

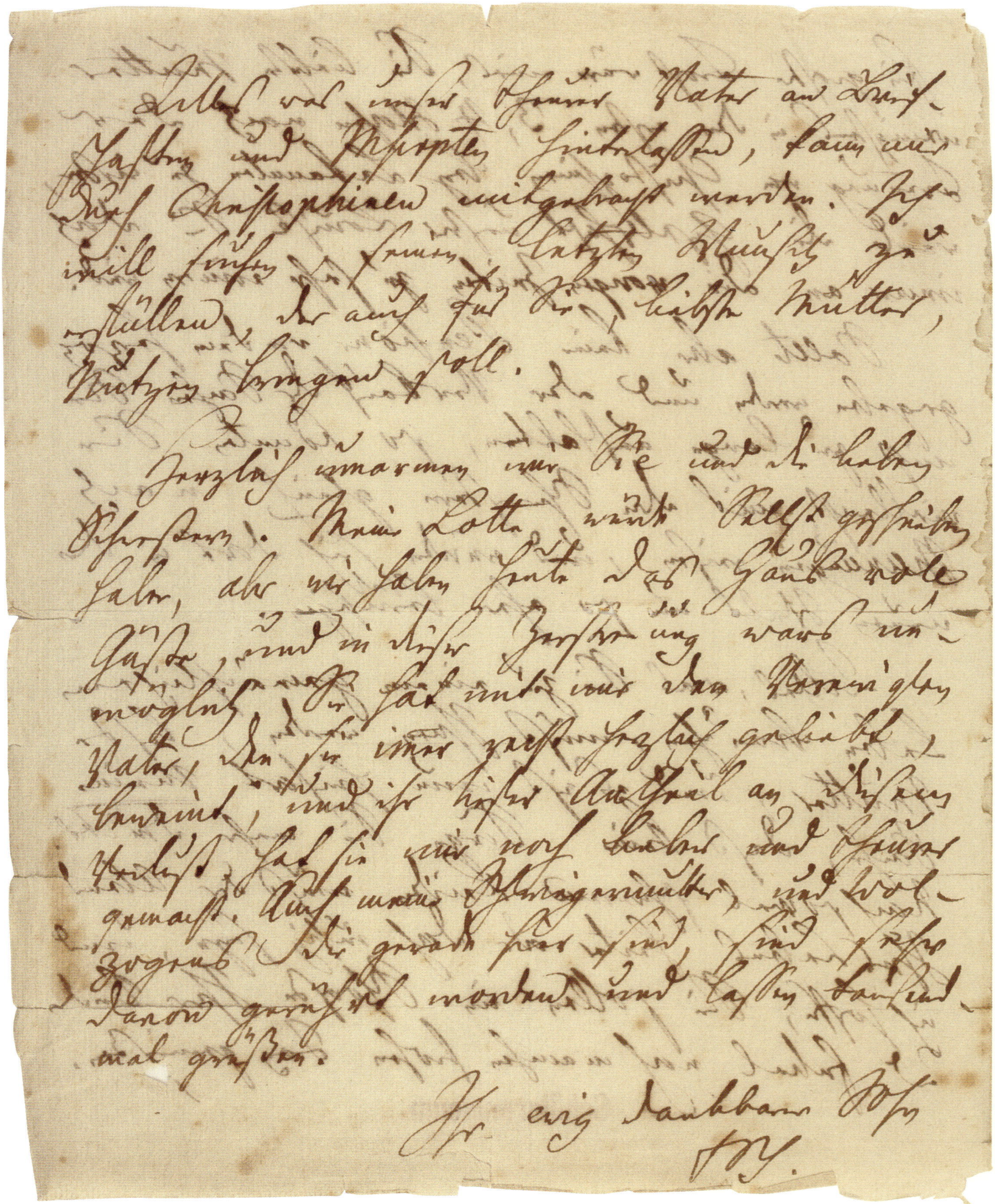

Alles was unser theurer Vater an Briefschaften und Schriften hinterlassen, kann ja durch Christophinen mitgebracht werden. Ich will suchen seinen letzten Wunsch zu erfüllen, der auch für die liebste Mutter Nutzen bringen soll.

Herzlich umarmen wir Sie und die lieben Schwestern. Meine Lotte würde selbst geschrieben haben, aber wir haben heute das Haus voll Gäste und in dieser Zerstreuung wars unmöglich. Sie hat mit mir den verewigten Vater, den sie immer sehr herzlich geliebt, beweint, und ihr treuer Antheil an diesem Verlust hat sie mir noch lieber und theurer gemacht. Auch meine Schwiegermutter, und Wolzogens die gerade hier sind, sind sehr davon gerührt worden und lassen tausendmal grüßen.

Ihr ewig dankbarer Sohn
F. S.

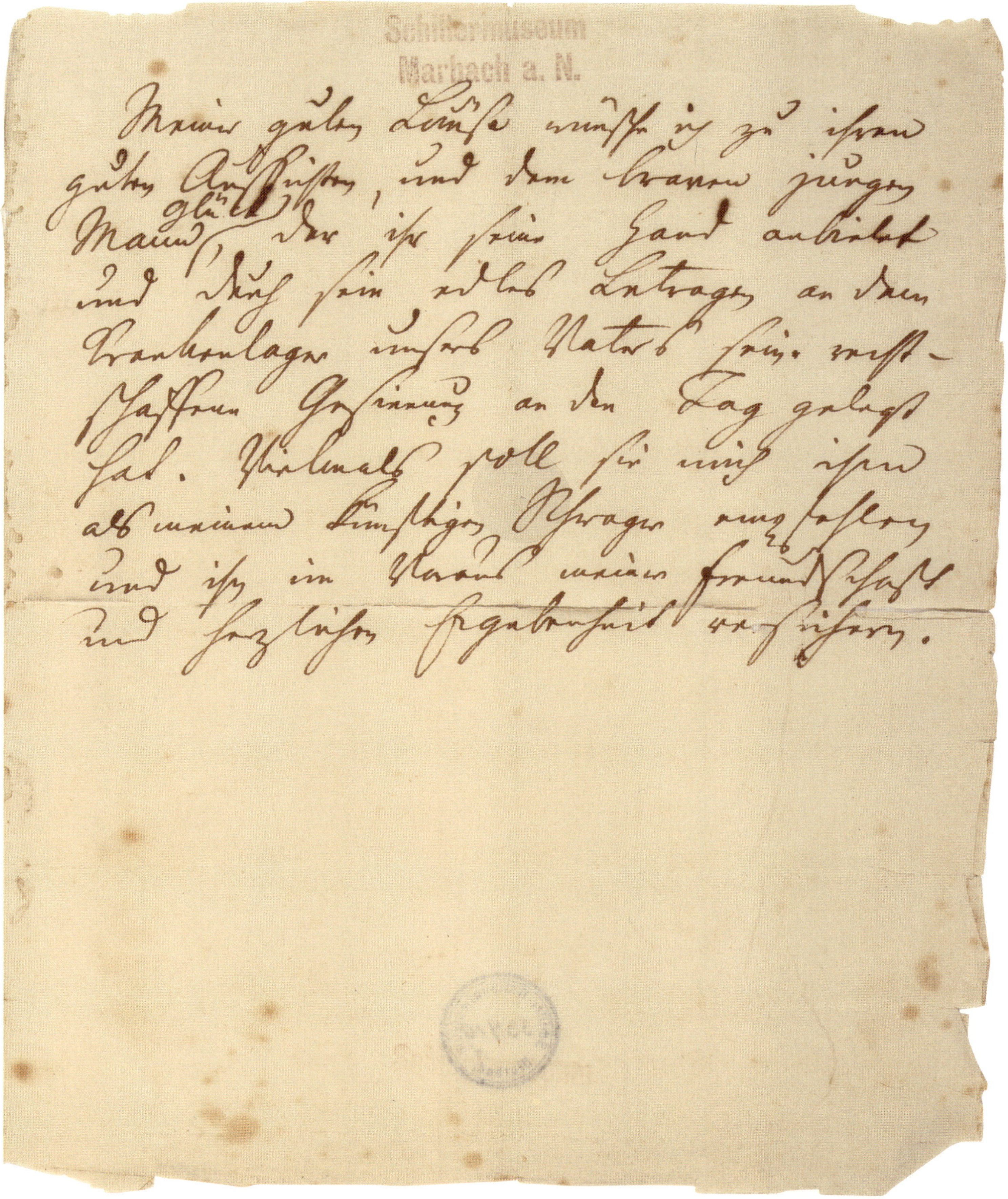
Schillermuseum
Marbach a. N.

Meiner guten Louise wünsche ich zu ihrem guten Aussichten, und dem braven jungen Mann Glück, der ihr seine Hand anbietet und durch sein edles Antragen an dem Krankenlager unseres Vaters seine rechtschaffenen Gesinnung an den Tag gelegt hat. Vielmals soll sie mich ihm als meinen künftigen Schwager empfehlen und ihn im voraus meiner Freundschaft und herzlichen Ergebenheit versichern.

13

AN AMALIE VON IMHOFF

17. Juli 1797

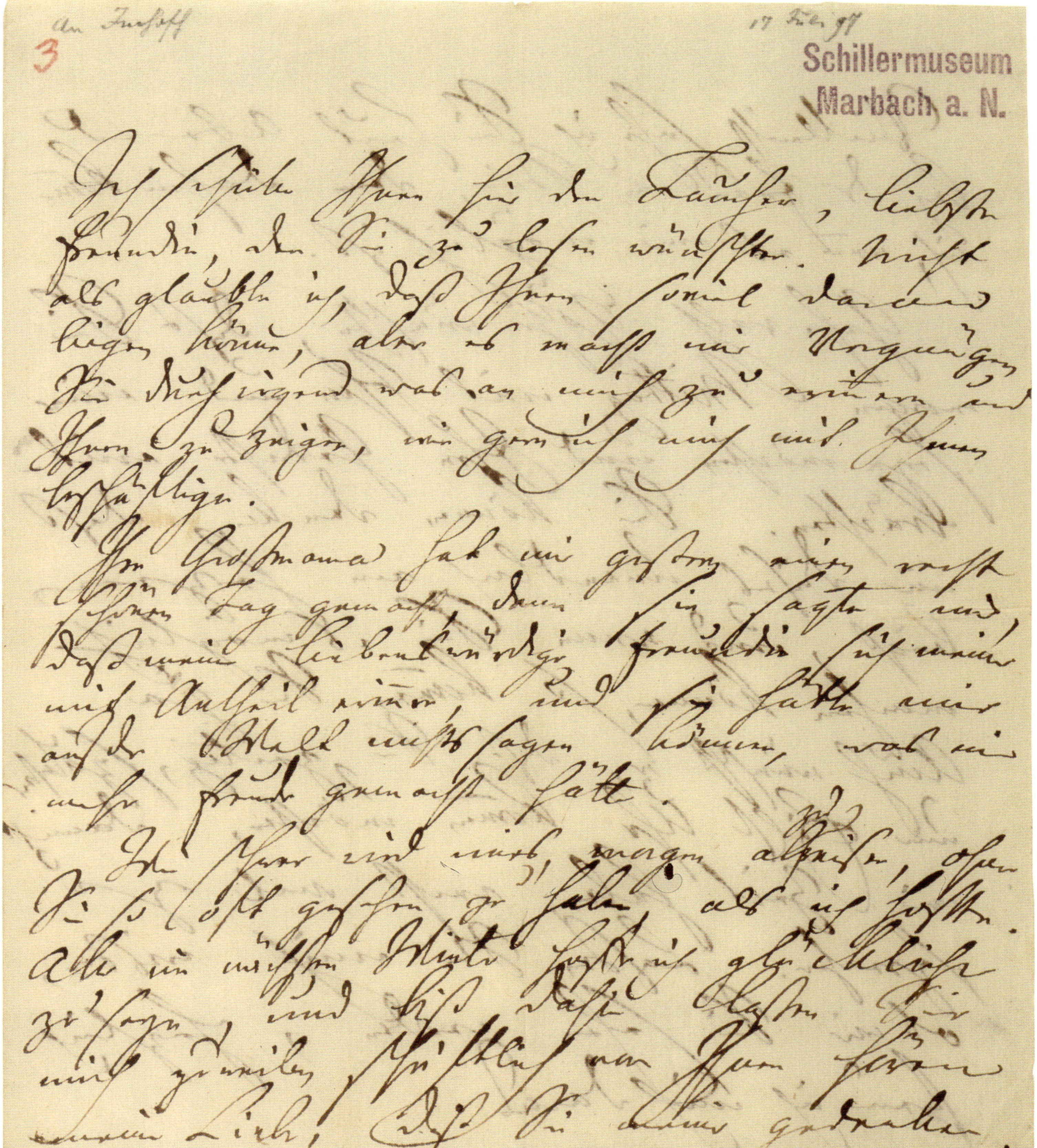
An Imhoff

17 Febr 97

3

Schillermuseum
Marbach a. N.

Ich schicke Ihnen hier den Taucher, liebste Freundin, den Sie zu lesen wünschten. Nicht als glaubte ich, daß Ihnen soviel daran liegen könne, aber es macht mir Vergnügen, Sie durch irgend was an mich zu erinnern und Ihnen zu zeigen, wie gern ich mich mit Ihnen beschäftige.

Ihre Großmama hat mir gestern einen recht schönen Tag gemacht, denn sie sagte mir, daß meine liebenswürdige Freundin sich meiner noch mit Antheil erinnere, und sie hätte mir auf der Welt nichts sagen können, was mir mehr Freude gemacht hätte.

Ihr Herr wird nun morgen abreisen, ohne Sie so oft gesehen zu haben als ich hoffte. Aber im nächsten Winter hoffe ich glücklicher zu seyn und bis dahin lassen Sie mich zuweilen schriftlich von Ihnen hören meine Liebe! Daß Sie meiner gedenken.

Vielleicht sehe ich Sie heute abend
bey der Frau von Stein, denn dahin komme
ich, wenn es mir möglich ist.

Geh. Rath Goethe wünscht, daß Sie
morgen Mittag mit Ihm und einer
[illegible] möchten und Ihre Gedichte mitbrächten. Sie können denken, daß
mir dieses unendlich am Herzen
liegt, und wenn Sie es möglich
machen können, so kommen Sie ja.
Auch wünscht er, daß Sie zeitig, spätestens
um halb Uhr kommen möchten, damit
er Zeit habe, recht viel zu
sprechen. Lassen Sie mich wissen,
ob wir Sie sehen werden; herzlich
freue ich mich darauf.

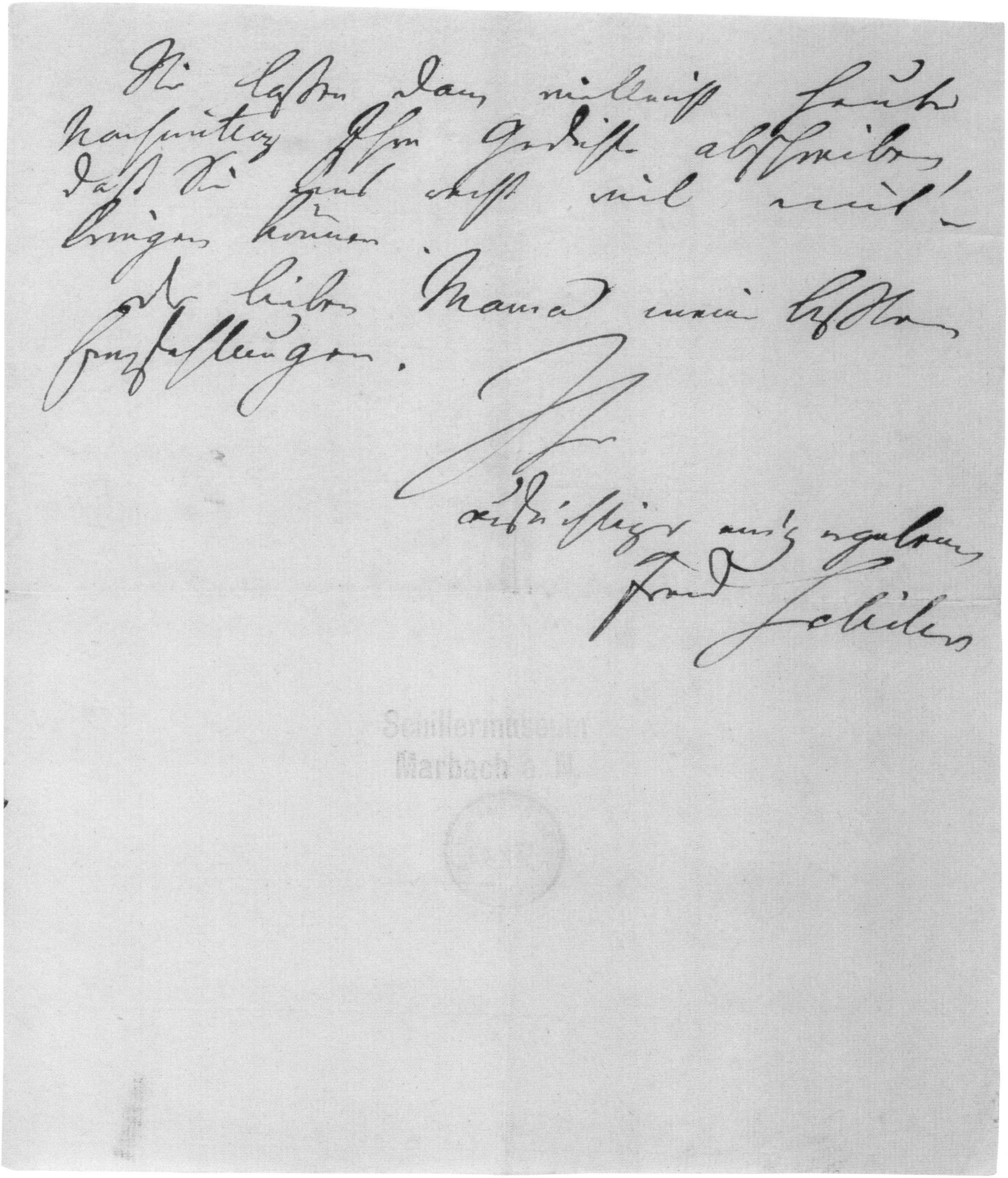
Sie lassen dann vielleicht heute
nachmittag Ihre Gedichte abschreiben
daß Sie sie doch noch mit zurück-
bringen können.
Der lieben Mama meine besten
Empfehlungen.
Ihr
aufrichtig ergebener
Fried. Schiller

Schillermuseum
Marbach a. N.

14

AN JOHANN WOLFGANG VON GOETHE

27. Februar 1798

17. 432 [431] Jena 27. Febr. 98.

Dieser Februar ist also hingegangen, ohne Sie zu mir zu bringen, und ich habe, erwartend und hoffend bald den Winter überstanden. Desto heiterer seh ich ins Frühjahr hinein, dem ich wirklich mit unerwartetem Verlangen mich entgegen sehne. Es beschäftigt mich jetzt zuweilen auf eine angenehme Weise, in meinem Gartenhauße und Garten Anstalten zur Verbesserung meines dortigen Aufenthalts zu treffen. Eine von diesen ist besonders wohlthätig und wird aber sehr angenehm seyn: ein Bad nehmlich, das ich reinlich und niedlich in eine von den Gartenhütten mauren laße. Die Hütte wird zugleich um einen Stock erhöht und soll eine freundliche Aussicht in das Thal der Leutra erhalten. Auf der entgegengesetzten Lambrechtschen Seite ist schon im vorigen Jahr an die Stelle der Hütte eine ganz massiv gebaute Küche getreten. Sie werden also, wenn Sie uns im Garten besuchen, allerlei nützliche Veränderungen darinn finden. Möchten wir nur erst wieder dort beisammen seyn!

Ich lege doch jetzt ganz unvermerkt eine Scene nach der andern in meinem Pensum zurück und finde mich so recht in dem tiefsten Wirbel der Handlung. Besonders bin ich froh, eine Situation hinter mir zu haben, wo die Aufgabe war, das ganz gemeine ~~[illegible]~~ moralische Urtheil über das Wallensteinische Verbrechen auszusprechen und eine solche an sich triviale und unpoetische Materie poetisch und geistreich zu behandeln, ohne die Natur des moralischen zu vertilgen. Ich bin zufrieden mit der Ausführung und hoffe unserm lieben moralischen Publicum nicht weniger zu gefallen, ob ich gleich keine Predigt daraus gemacht habe. Bei dieser Gelegenheit habe ich aber recht gefühlt, wie leer das eigentlich moralische ist, und wieviel daher das Subject leisten mußte, um das Objekt in der poetischen Höhe zu erhalten.

In Ihrem letzten Briefe frappirte mich der Gedanke, daß die Natur, obgleich von keinem einzelnen gefaßt, von der Summe aller Individuen ~~gefaßt~~ gefaßt werden könnte. Man kann wirklich, däucht mir, jedes Individuum als einen eigenen Sinn betrachten, der die Natur im Ganzen eben so eigenthümlich auffaßt als ein einzelnes Sinnenorgan des Menschen und eben so wenig durch einen andern sich ersetzen läßt, als das Ohr durch das Auge u. s. w. Wenn nur jede individuelle Vorstellungs- und Empfindungsweise auch einer reinen und vollkommnen Mittheilung fähig wäre; denn die Sprache hat eine der Individualität ganz entgegengesetzte Tendenz, und ~~[illegible]~~ solche Naturen, die sich zur allgemeinen Mittheilung ausbilden, büßen gewöhnlich soviel von ihrer Individualität ein, und verlieren also sehr oft von jenem sinnlichen

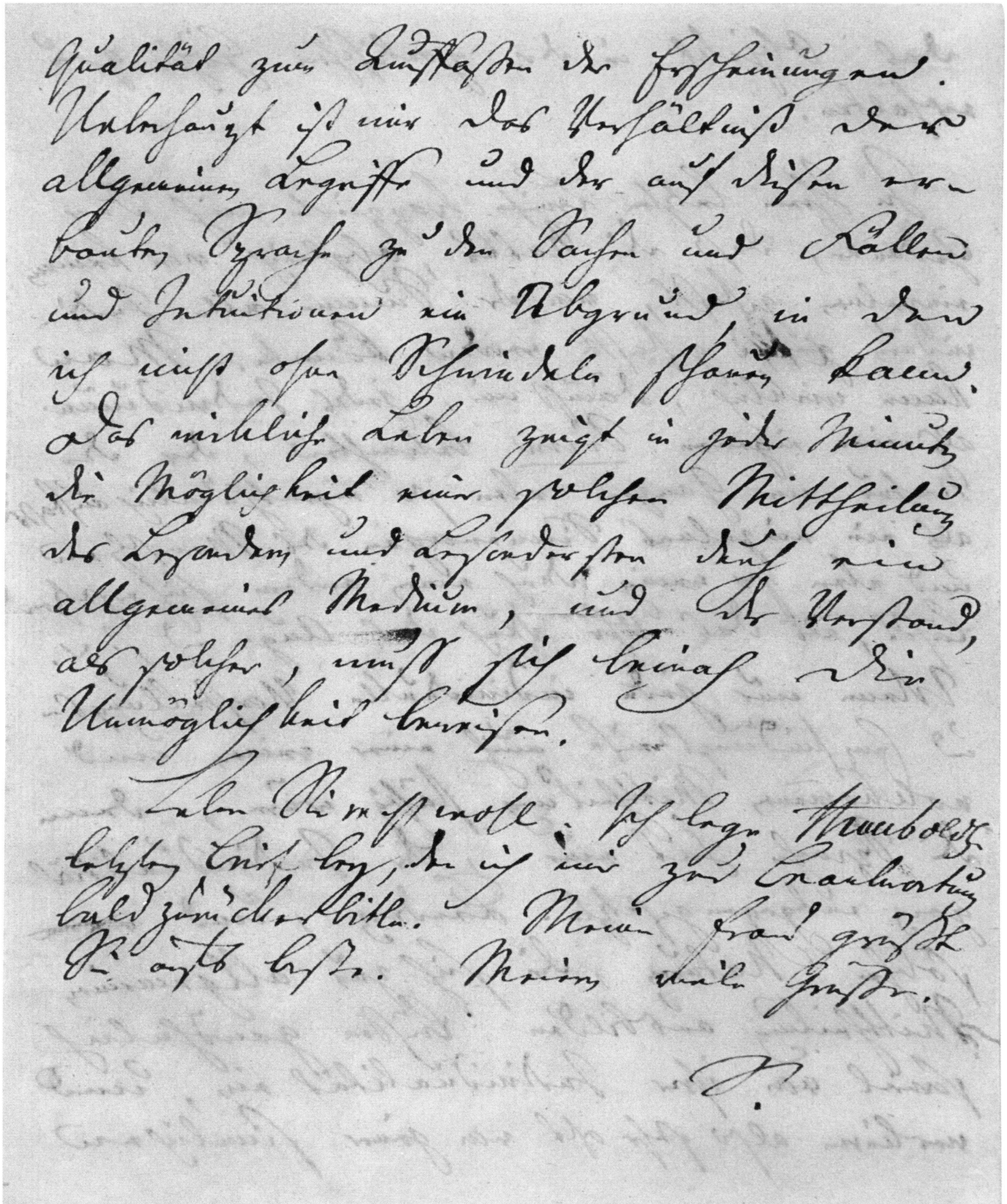
Qualität zum Auffassen der Erscheinungen. Ueberhaupt ist mir das Verhältniß der allgemeinen Begriffe und der auf diesen erbauten Sprache zu den Sachen und Fällen und Intuitionen ein Abgrund, in den ich nicht ohne Schwindeln schauen kann. Das wirkliche Leben zeigt in jeder Minute die Möglichkeit einer solchen Mittheilung des Besondern und Besondersten durch ein allgemeines Medium, und der Verstand als solcher, muß sich beinah die Unmöglichkeit beweisen.

Leben Sie recht wohl. Ich lege Humboldts letzten Brief bey, den ich mir zur Beantwortung bald zurück erbitte. Meine Frau grüßt Sie aufs beste. Meine vielen Grüße.

S.

15

AN JOHANN WOLFGANG VON GOETHE

11. Dezember 1798

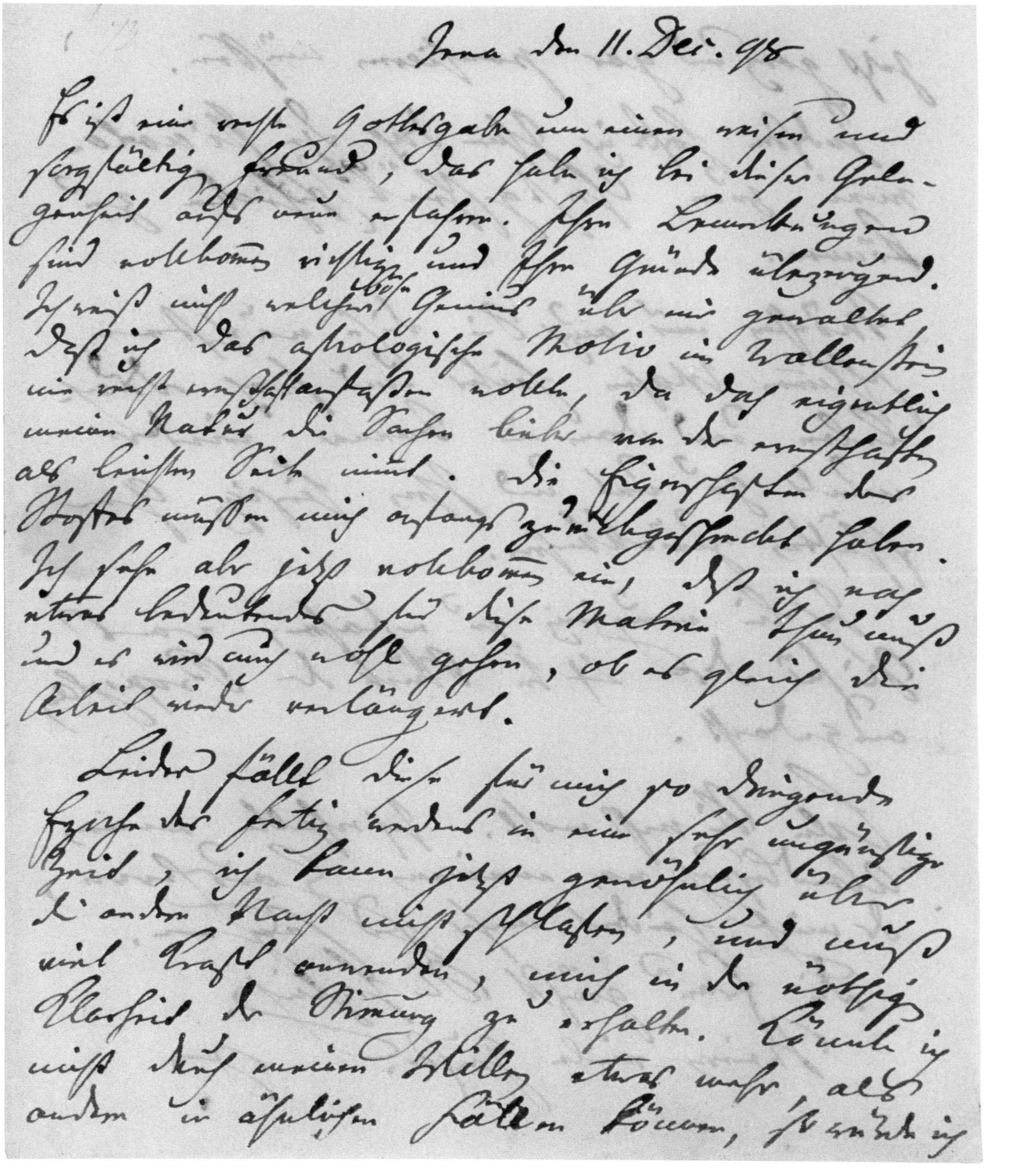

Jena den 11. Dec. 98

Es ist eine wahre Gottesgabe um einen weisen und sorgfältigen Freund, das habe ich bei dieser Gelegenheit aufs neue erfahren. Ihre Bemerkungen sind vollkommen richtig und Ihre Gründe überzeugend. Ich weiß nicht welcher böse Genius über mir gewaltet, daß ich das astrologische Motiv im Wallenstein nie recht ernsthaft anfassen wollte, da doch eigentlich meine Natur die Sachen lieber von der ernsthaften als leichten Seite nimmt. Die Eigenschaften des Stoffes müssen mich anfangs zurückgeschreckt haben. Ich sehe aber jetzt vollkommen ein, daß ich noch etwas bedeutendes für diese Materie thun muß und es wird auch wohl gehen, ob es gleich die Arbeit wieder verlängert.

Leider fällt diese für mich so dringende Epoche des Fertigwerdens in eine sehr ungünstige Zeit, ich kann jetzt gewöhnlich über die andere Nacht nicht schlafen, und muß viel Kraft anwenden, mich in der nöthigen Klarheit der Stimmung zu erhalten. Könnte ich nicht durch meinen Willen etwas mehr als andere in ähnlichen Fällen können, so würde ich sich ganz und gar pensieren müßten.

Indessen hoffe ich Ihnen daß die Piccolomini zum Christgeschenk schicken zu können.

Möchten nur auch Sie diese nächsten schlimmen Wochen heiter und froh durchleben und dann im Januar wieder munter zu uns und Ihren hiesigen Geschäften zurückkehren.

Ich bin neugierig zu erfahren, was Sie für das 4te Stück der Propyläen ausgedacht.

Leben Sie recht wohl. Ich erhalte einen Abendbesuch von meinem Hausherrn, der mich hindert mehr zu sagen.

Die Frau grüßt Sie herzlich.

Meyern viele Grüße. S.

16

AN JOHANN FRIEDRICH COTTA

5. Juli 1799

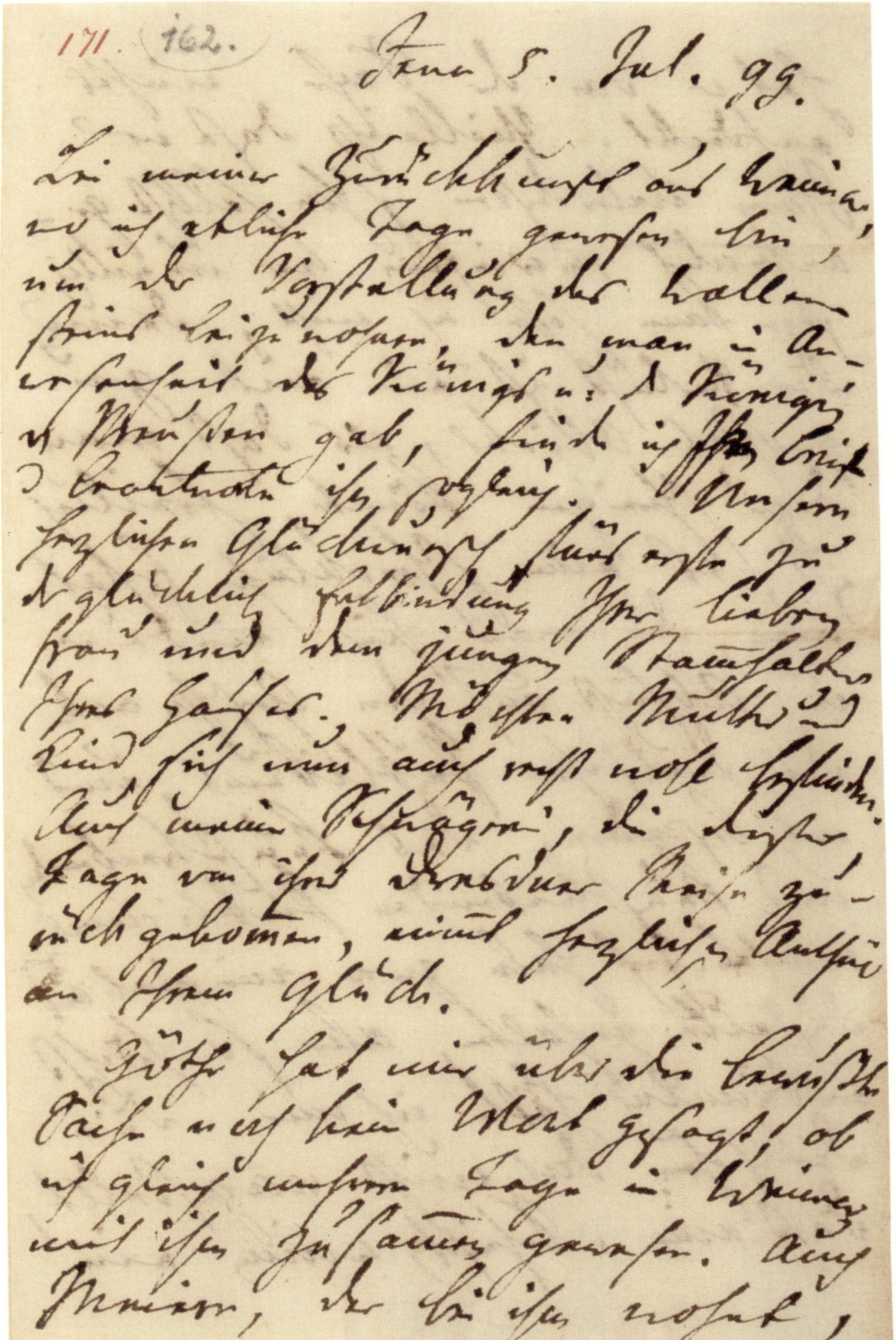

171. 162.

Jena 5. Jul. 99.

Bei meiner Zurückkunft aus Weimar, wo ich etliche Tage gewesen bin, um der Vorstellung des Wallenstein beizuwohnen, den man in Anwesenheit des Königs u. der Königin v. Preußen gab, finde ich Ihren Brief d. [illegible] [illegible]. Unsern herzlichen Glückwunsch theurer Freund zu der glücklichen Entbindung Ihrer lieben Frau und dem jungen Stammhalter Ihres Hauses. Möchten Mutter und Kind sich nun auch recht wohl befinden. Auch meine Schwägerin, die dieser Tage von ihrer Dresdner Reise zurückgekommen, nimmt herzlichen Antheil an Ihrem Glück.

Göthe hat mir über die Preußische Sache noch kein Wort gesagt, ob ich gleich einige Tage in Weimar mit ihm zusammen gewesen. Auch Meier, der bei ihm wohnt,

hat er von der Sache nichts
entdeckt. Vielleicht daß er
Ihnen unterdessen schon selbst geantwortet; zu wissen, ob er unwillig
seyn kann, sehe ich nicht; denn
der Verlust ist ein viel zu
großes Objekt, als daß man
dazu schweigen könnte. Freilich
ist [es] eine schreckliche Erscheinung, die man für minder
in Absicht auf den Geschmack
des deutschen Publikums, und
insbesondere, das kunsttreibende
und kunstliebende Publicum
macht. Ich habe zwar nie viel auf
dasselbe gehalten, aber so schlecht
erbärmlich hätte ich mir die
deutschen doch nicht vorgestellt,
daß eine Schrift, welche ein

Kunstgenie vom ersten Rang die Resultate seines lebenslänglichen Studiums ausspricht, nicht einmal den geringsten Absatz finden sollte.

Das neue Stück der Propyläen wird zwar einen größeren Eindruck machen als die übrigen, weil es einen kleinen, auf Kunst sich beziehenden Roman von Göthe enthält, aber wenn dieses Stück nicht zum allerwenigsten 1000mal abgesezt wird, so sehe ich nicht wie das Journal fortgehen kann. Es ist nicht genug, daß sie bei den folgenden Stücken nichts verlieren, sie müssten auch den alten Verlust nachhohlen.

An Sheridan habe ich, da

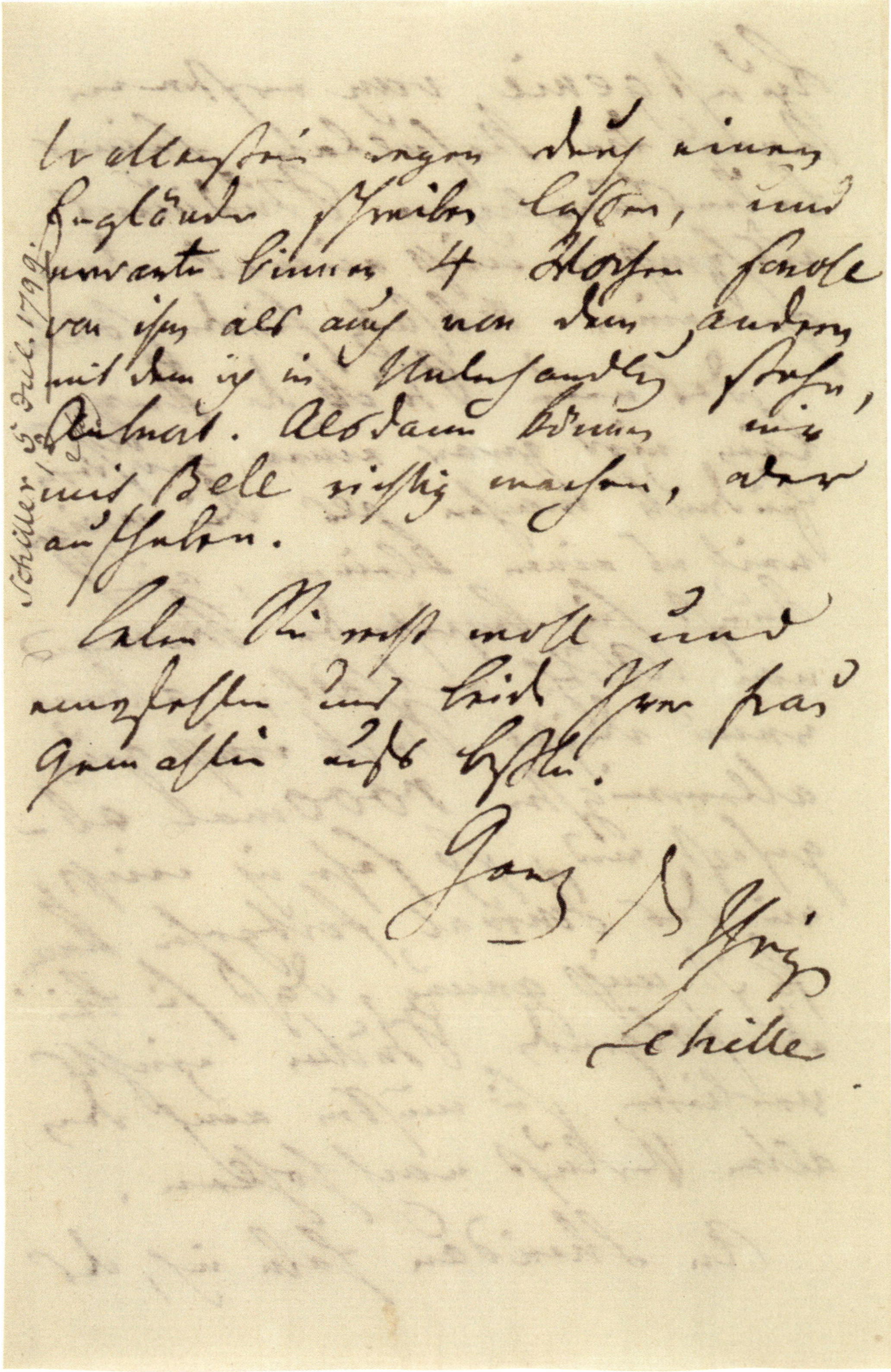
Vollmachtsbriefe wegen durch einen
Engländer schreiben lassen, und
erwarte binnen 4 Wochen sowohl
von ihm als auch von dem andern
mit dem ich in Unterhandlung stehe,
Antwort. Alsdann können wir
mit Bell richtig machen, oder
aufheben.

Leben Sie recht wohl und
empfehlen Sie mich Ihrer Frau
Gevatterin aufs beste.

Ganz der Ihrige
Schiller.

Schiller, 5. Jul. 1799.

17

AN HERZOG CARL AUGUST VON SACHSEN-WEIMAR-EISENACH

1. September 1799

1.42 634

1496

Durchlauchtigster Herzog

Gnädigster Fürst und Herr,

Die wenigen Wochen meines Aufenthalts zu Weimar und in der größten Nähe Eurer Durchlaucht im letzten Winter und Frühjahr haben einen so belebenden Einfluß auf meine Geistesstimmung geäußert, daß ich die Leere und den Mangel jedes Kunstgenusses und jeder Mittheilung, die hier in Jena mein Loos sind, doppelt lebhaft empfinde. Solange ich mich mit Philosophie beschäftigte, fand ich mich hier vollkommen an meinem Platz; nunmehr aber, da meine Neigung und meine verbesserte Gesundheit mich mit neuem Eifer zur Poesie zurückgeführt haben, finde ich mich hier wie in eine Wüste versetzt. Ein Platz, wo nur die Gelehrsamkeit und vorzüglich die metaphysische in Schwange gehen, ist den Dichtern nicht günstig: Diese haben von jeher nur unter dem Einfluß der Künste und eines geistreichen Umgangs gedeihen können. Da zugleich meine dramatischen Beschäftigungen mir die Anschauung des Theaters zum nächsten Bedürfniß machen und ich von dem glücklichen Einfluß desselben auf meine Arbeiten vollkommen überzeugt bin, so hat alles dieß ein lebhaftes Verlangen in mir erweckt, künftighin die Wintermonate in Weimar zuzubringen.

Indem ich aber dieses Vorhaben mit meinen ökonomischen Mitteln vergleiche, finde ich daß es über meine Kräfte geht, die Kosten einer doppelten Einrichtung,

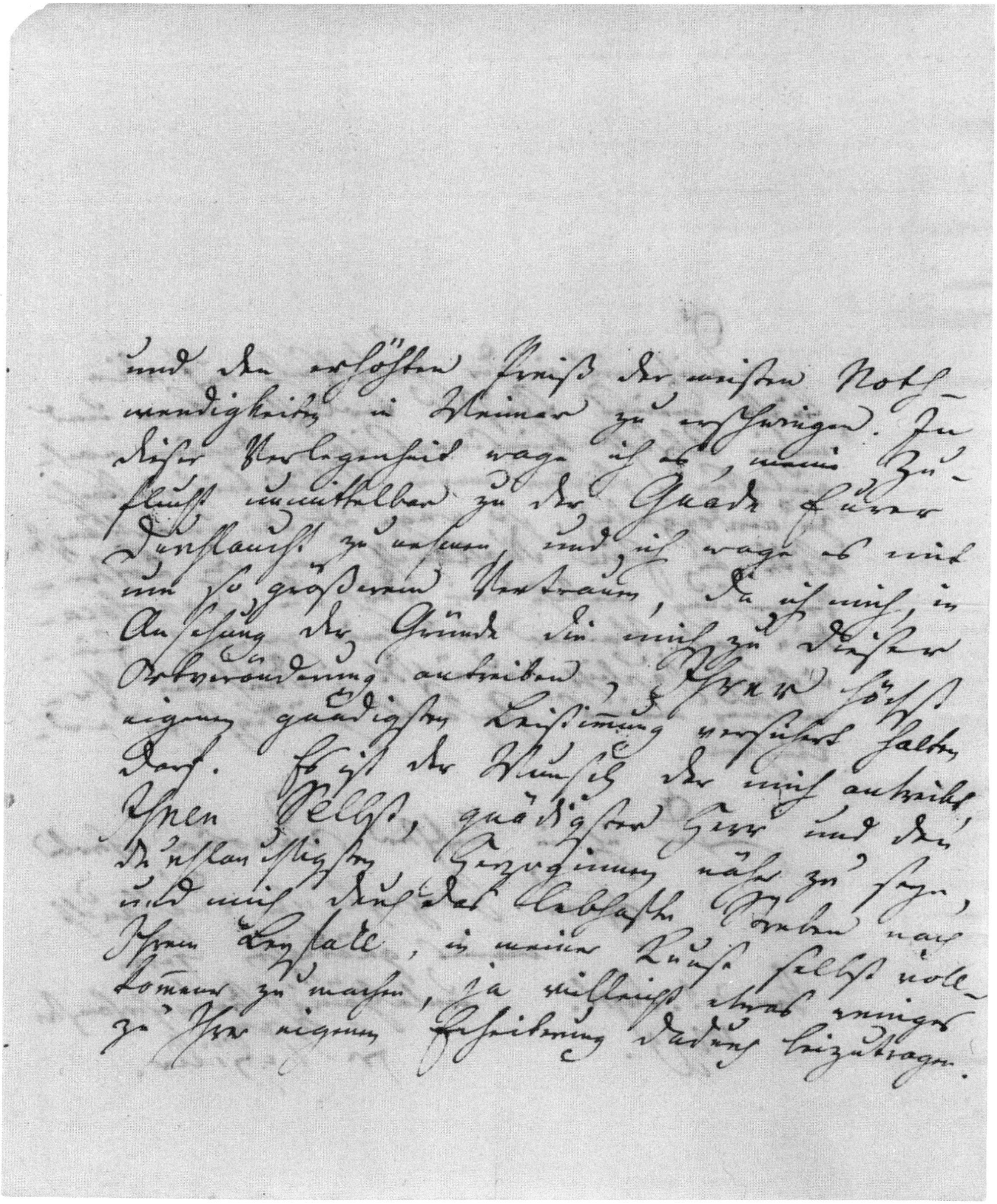
und den erhöhten Preiß der meisten Nothwendigkeiten in Weimar zu erschwingen. In dieser Verlegenheit wage ich es, meine Zuflucht unmittelbar zu der Gnade Eurer Durchlaucht zu nehmen, und ich wage es mit um so größerem Vertrauen, da ich mich in Ansehung der Gründe die mich zu dieser Verwendung antreiben, Ihrer höchsteigenen gnädigsten Beistimmung versichert halten darf. Es ist der Wunsch, der mich antreibt, Ihnen Selbst, gnädigster Herr und der durchlauchtigsten Herzoginn nahe zu seyn, und mich durch das lebhafte Streben nach Ihrem Beyfalle, in meiner Kunst selbst vollkommen zu machen, ja vielleicht etwas weniges zu Ihrer eignen Erheiterung dadurch beizutragen.

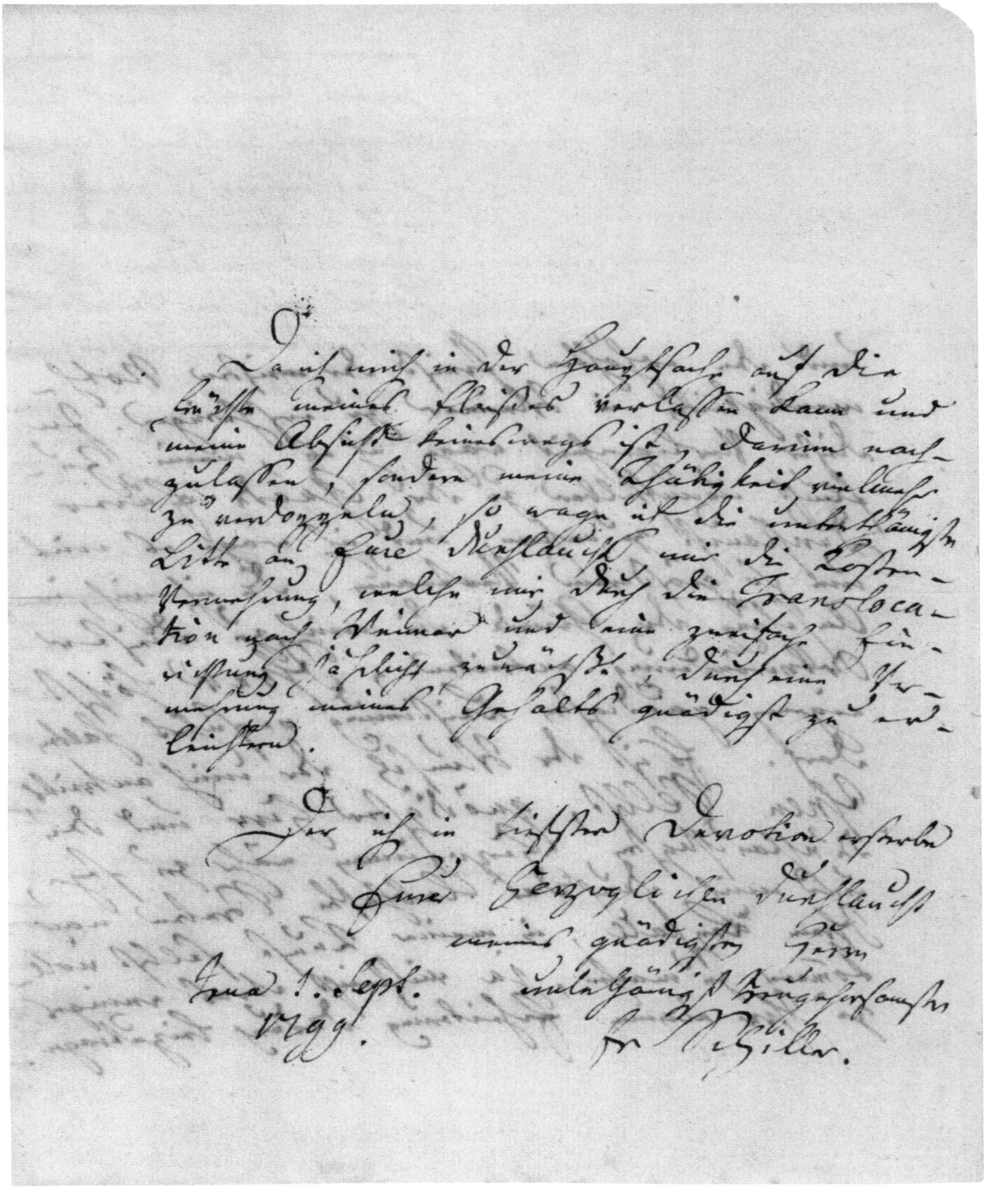
Da ich mich in der Hauptsache auf die Früchte meines Fleißes verlaßen kann und mein Absicht keineswegs ist, darin nachzulaßen, sondern meine Thätigkeit vielmehr zu verdoppeln, so wage ich die unterthänigste Bitte an Eure Durchlaucht, mir die Kosten-Vermehrung, welche mir durch die Translocation nach Weimar und eine zweifache Einrichtung zuwächst, durch eine Vermehrung meines Gehalts gnädigst zu erleichtern.

Der ich in tiefster Devotion ersterbe

Eure Herzoglichen Durchlaucht

meines gnädigsten Herrn

Jena 1. Sept. 1799.

unterthänigst treugehorsamster

Fr Schiller.

18

AN CHARLOTTE VON SCHIMMELMANN

23. November 1800

Ihr gütiger Brief, meine gnädige Gräfin, befreit
mich von meiner Verlegenheit und ich darf mich
Ihnen mit Vertrauen wieder nahen. Wie konnte
ich auch nur einen Augenblick an Ihrer großmüthigen Gesinnung zweifeln, die sich so unverkennbar in
jedem Theile Ihrer Züge mahlet. Aber ich sah nur
die Größe meiner Wünsche, und nicht zugleich
auf die Schönheit Ihres Herzens, die über alle
beschränkten Rücksichten erhaben ist.

Ja gewiß. Ich würde mein Schicksal preisen
wenn es mir vergönnt hätte, in Ihrer Nähe
zu leben. Sie und die vortrefliche Schimmelmann würden eine idealische Welt um mich
gebildet haben. Was ich Gutes haben mag,
ist durch einige wenige vortrefliche Menschen
in mir gepflanzt worden, ein gütiges Schicksal führte mir dieselben in den entscheidenden
Perioden meines Lebens entgegen, meine Bekanntschaften sind auch die Geschichte meines
Lebens.

Dieses und einige Äußerungen in Ihrem
Briefe führen mich natürlich auf meinen Lebens[illegible]

schaft mit Göthe, die ich auch jetzt, nach einem
Zeitraum von sechs Jahren, für das wohlthätigste
Ereigniß meines ganzen Lebens halte. Ich brauche
Ihnen über den <u>Geist</u> dieses Mannes nichts zu
sagen. Sie erkennen seine Verdienste als
Dichter, wenn auch nicht in <u>dem</u> Grade an,
als ich sie fühle. Nach meiner innigsten Ueberzeugung kommt kein anderer Dichter ihm an
Tiefe der Empfindung und an Zartheit derselben,
an Natur und Wahrheit und zugleich
an hohem Kunstverdienste auch nur von
weitem bei. Die Natur hat ihn reicher
ausgestattet als irgend einen der nach Shakespear aufgestanden ist. Und außer dieser, was
er von der Natur <u>erhalten</u>, hat er sich durch
rastloses Nachforschen und Studium mehr
<u>gegeben</u> als irgend ein anderer. Er hat es
sich 20 Jahre mit der redlichsten Anstrengung
sauer werden lassen, die Natur in allen ihren
drey Reichen zu studieren und ist in die
Tiefen dieser Wissenschaften gedrungen. Ueber die
Physik des Menschen hat er die wichtigsten
Resultate gesammelt und ist auf seinem ruhigen
einsamen Weg den Entdeckungen vorausgeeilt,
womit jetzt in dieser Wissenschaften so viel Parade

gemacht wird. In der Optik werden seine
Entdeckungen doch in künftiger Zeit ganz gewürdigt
werden, denn das Falsche der Newtonischen Farbenlehre habe bis zur Evidenz demonstrirt, und wenn
er alt genug wird um sein Werk darüber zu
vollenden, so wird diese Streitfrage unwider-
ruflich entschieden seyn. Auch über den Magnet
u. die Electricität hat er sehr neue und schöne
Ansichten. So ist er auch in Rücksicht auf den
Geschmack in bildenden Künsten dem Zeitgeiste
sehr weit voraus und bildende Künstler könnten
viel bei ihm lernen. Welcher von allen diesen
kommt ihm in solchen gründlichen Kenntnissen
auch nur von ferne bei, und doch hat er einen
grossen Theil seines Lebens in Ministerialgeschäften aufgewendet, die darum, weil das
Herzogthum klein ist, nicht klein und
unbedeutend sind.

Aber diese hohen Vorzüge seines Geistes
sind es nicht, was mich an ihn bindet.
Wenn er nicht als Mensch für mich den
größten Werth von allen hätte, die ich
persönlich zu habe kennen lernen, so würde
ich sein Genie nur in der Ferne bewundern.
Ich darf wohl sagen, daß ich in den 6 Jahren

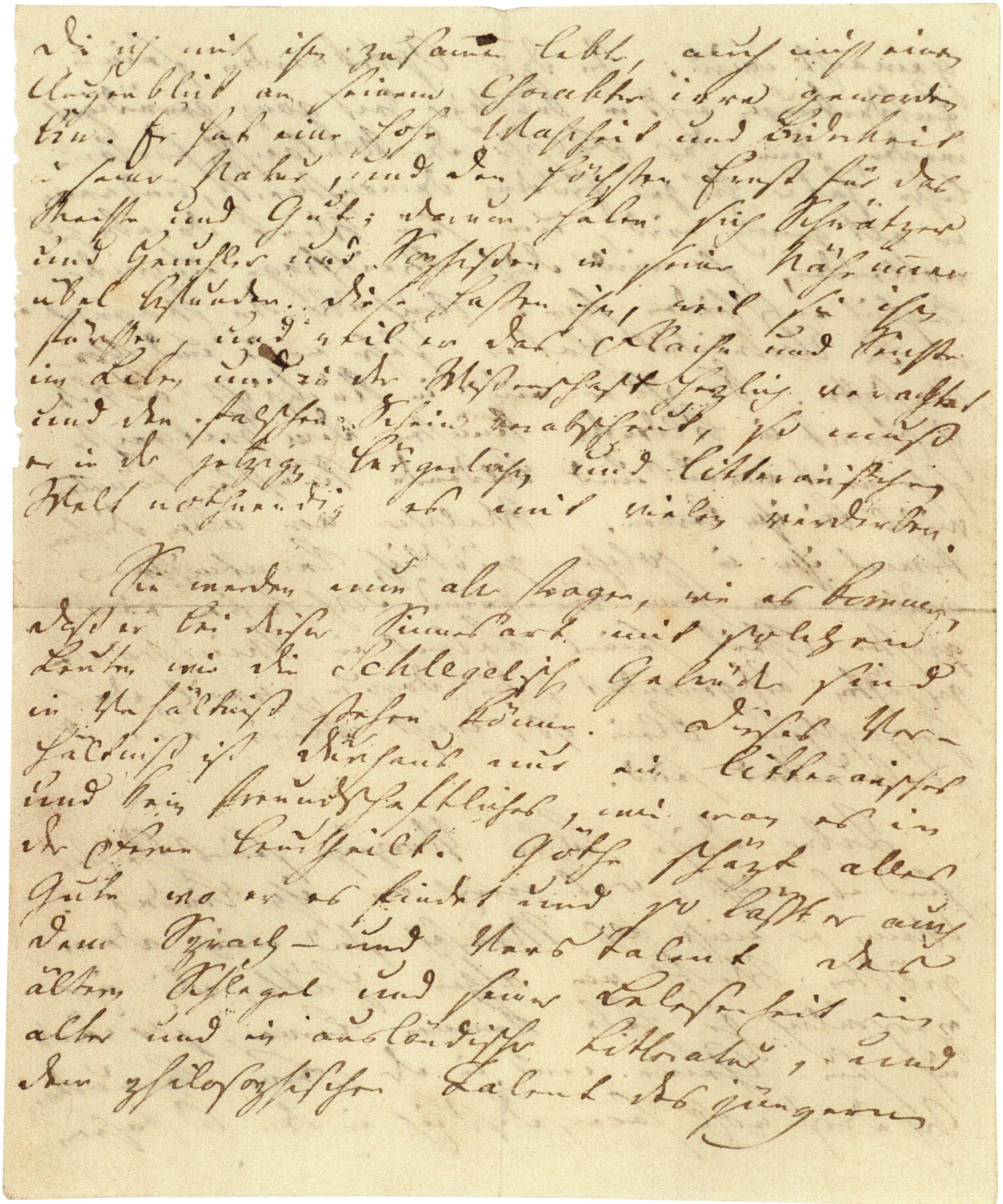
da ich mit ihr zusammen lebte, auch nicht einen Augenblick an seinem Character irre geworden bin. Er hat eine hohe Wahrheit und Biederkeit in seiner Natur, und den höchsten Ernst für das Wahre und Gute; daran haben sich Schwätzer und Gauckler und Verfälscher in seiner Nähe immer übel befunden. Diese hassten ihn, weil sie ihn fürchten, und theils weil er das Falsche und Leere im Leben und in der Wissenschaft herzlich verachtet und den falschen Schein verabscheut, so muss er in der jetzigen bürgerlichen und litterarischen Welt nothwendig es mit vielen verderben.

Sie werden nun aber fragen, wie es komme, daß er bei dieser Sinnesart mit solchen Leuten wie die Schlegelsche Gebrüder sind in Verhältniss stehen können. Dieses Verhältniss ist durchaus nur ein litterarisches und kein freundschaftliches, wie man es in der Ferne beurtheilt. Göthe schätzt alles Gute wo er es findet und so lässt er auch dem Sprach- und Verstalent des ältern Schlegel und seiner Belesenheit in alter und in ausländischer Litteratur, und dem philosophischen Talent des jüngeren

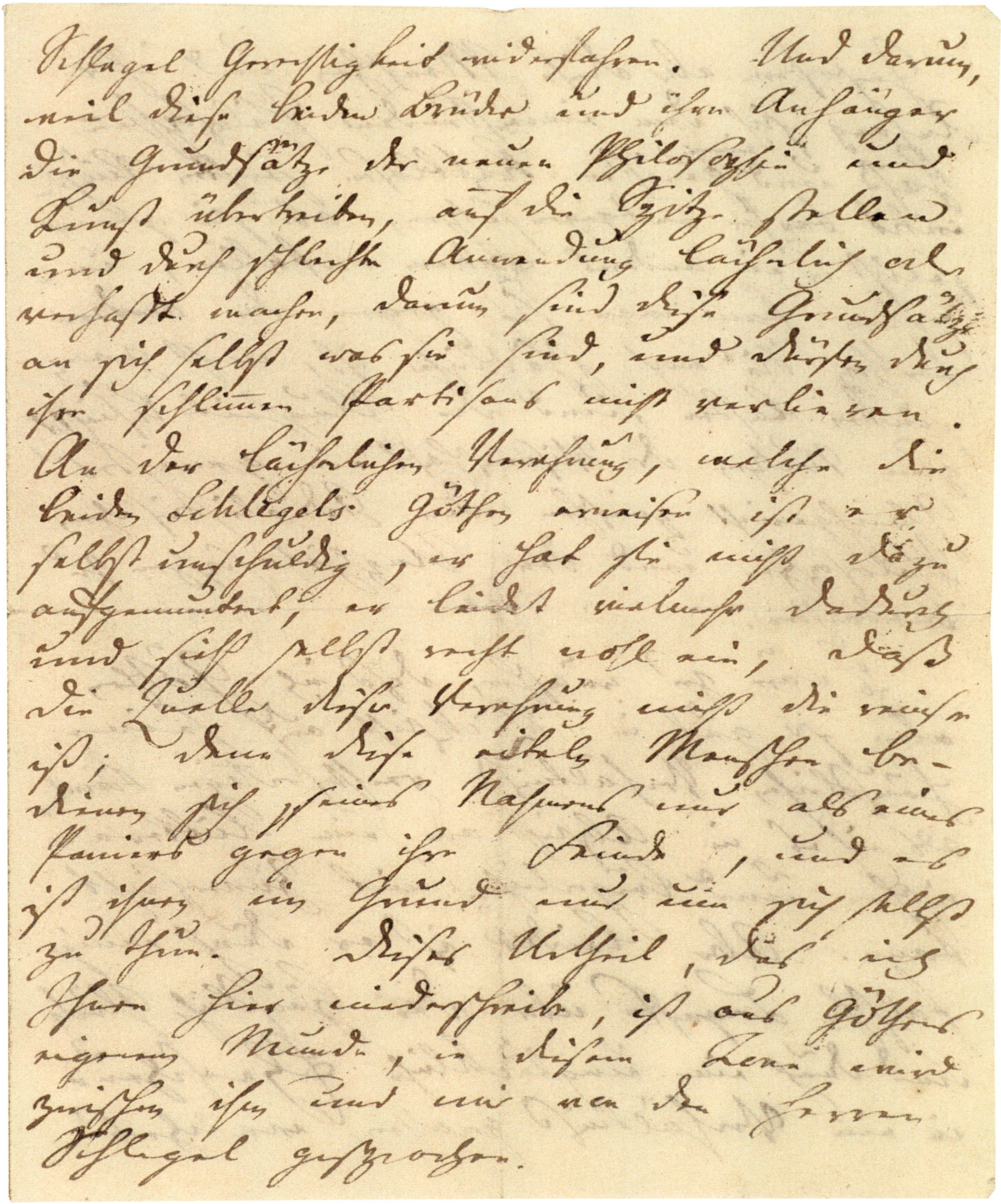
Schlegel Gerechtigkeit widerfahren. Und darum,
weil diese beiden Brüder und ihre Anhänger
die Grundsätze der neuern Philosophie und
Kunst übertreiben, auf die Spitze stellen
und durch schlechte Anwendung lächerlich oder
verhaßt machen, darum sind diese Grundsätze
an sich selbst was sie sind, und dürfen durch
ihre schlimmen Partisans nicht verlieren.
An der lächerlichen Verehrung, welche die
beiden Schlegels Göthen erweisen ist er
selbst unschuldig, er hat sie nicht dazu
aufgemuntert, er lacht vielmehr darüber
und sieht selbst recht wohl ein, daß
die Quelle dieser Verehrung nicht die reinste
ist; denn diese eitlen Menschen bedienen sich seines Nahmens nur als eines
Paniers gegen ihre Feinde, und es
ist ihnen im Grunde nur um sich selbst
zu thun. Dieses Urtheil, das ich
Ihnen hier niederschreibe, ist aus Göthes
eigenem Munde, in diesem Sinn wird
zwischen ihm und mir von den Herren
Schlegel gesprochen.

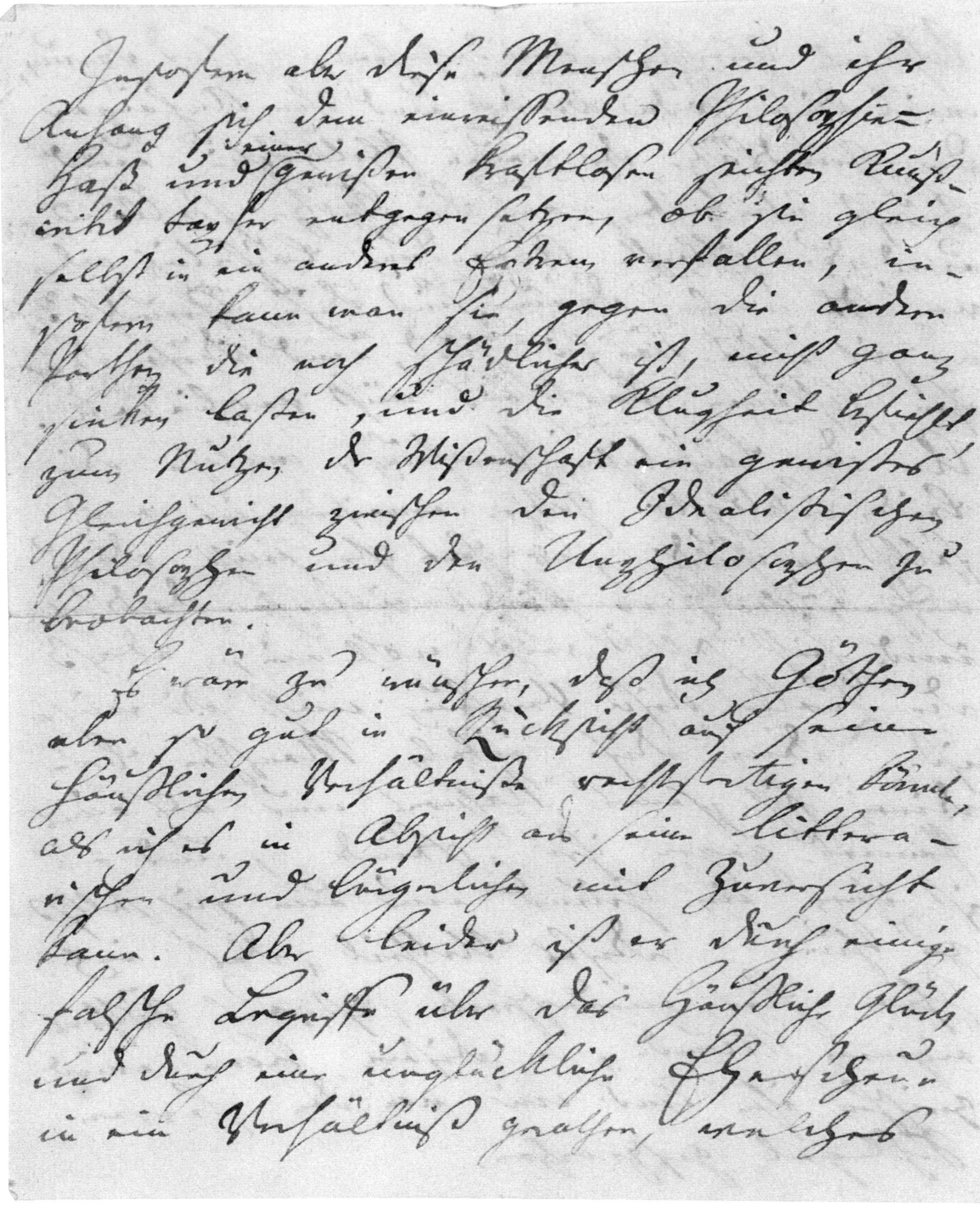
Insofern aber diese Menschen und ihr
Anhang sich dem einreißenden Philosophiehaß und seiner gänzlichen kraftlosen seichten Aufklä-
rung tapfer entgegensetzen, ob sie gleich
selbst in ein anderes Extrem verfallen, insofern kann man sie, gegen die andern
Partey die noch schädlicher ist, nicht ganz
sinken lassen, und die Klugheit befiehlt
zum Nutzen der Wissenschaft ein gewisses
Gleichgewicht zwischen den Idealistischen
Philosophen und den Unphilosophen zu
beobachten.
Es wär zu wünschen, daß ich Göthen
aber so gut in Rücksicht auf seine
häuslichen Verhältnisse rechtfertigen könnte,
als ich es in Absicht auf seine litterä-
rischen und bürgerlichen mit Zuversicht
kann. Aber leider ist er durch einige
falsche Begriffe über das häusliche Glück
und durch eine unglückliche Ehescheu
in ein Verhältniß gerathen, welches

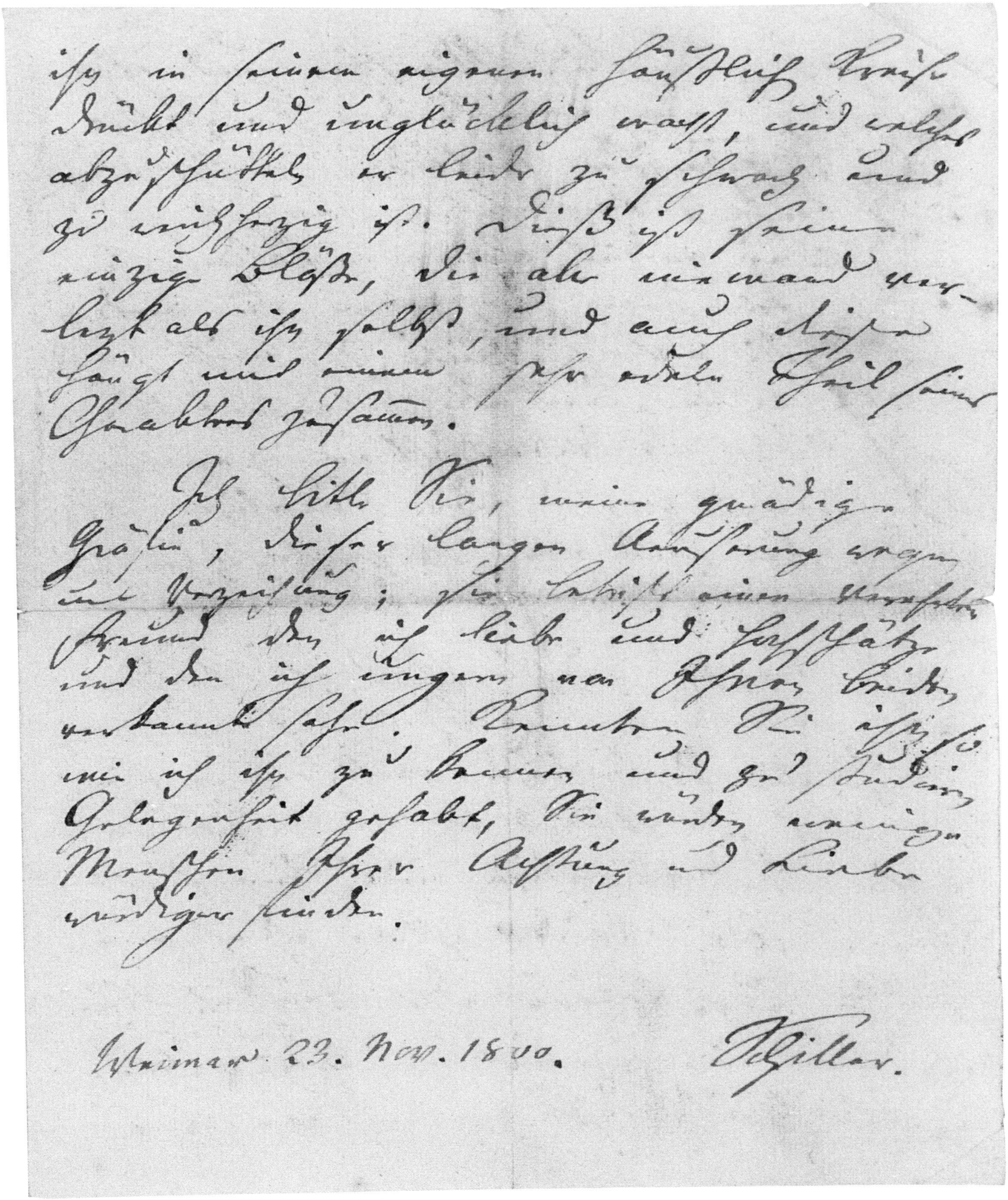
ihn in seinem eignen häuslichen Kreise
drückt und unglücklich macht, und welches
abzuschütteln er leider zu schwach und
zu weichherzig ist. Dieß ist seine
einzige Blöße, die aber niemand ver-
letzt als ihn selbst, und auch diese
hängt mit einem sehr edeln Theil seines
Charakters zusammen.

Ich bitte Sie, meine gnädige
Gräfin, dieser langen Aeußerung wegen
um Verzeihung; sie betrifft einen verehrten
Freund den ich liebe und hochschätze
und den ich ungern von Ihnen beiden
verkannt sehe. Kennten Sie ihn so
wie ich ihn zu kennen und zu studiren
Gelegenheit gehabt, Sie würden wenige
Menschen Ihrer Achtung und Liebe
würdiger finden.

Weimar 23. Nov. 1800. Schiller.

19

AN CHRISTOPH MARTIN WIELAND

17. Oktober 1801

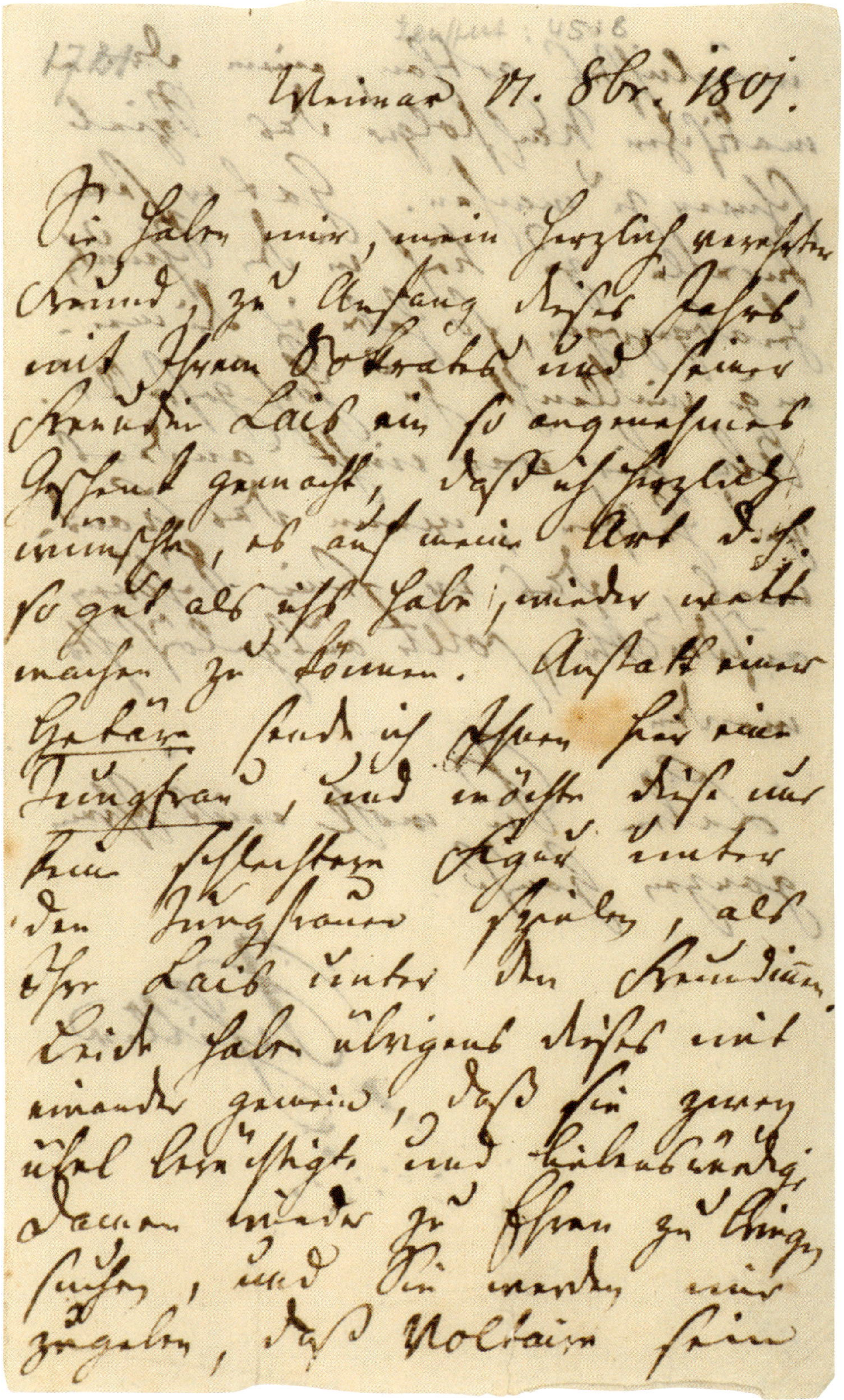

Weimar 17. 8br. 1801.

Sie haben mir, mein herzlich verehrter
Freund, zu Anfang dieses Jahrs
mit Ihrem Portrait und seiner
Freundin Lais ein so angenehmes
Geschenk gemacht, daß ich herzlich
wünschte, es auf meine Art eben
so gut als ich habe, wieder wett
machen zu können. Anstatt einer
Hetäre sende ich Ihnen hier eine
Jungfrau, und möchte diese nur
keine schlechtere Figur unter
den Jungfrauen spielen, als
Ihre Lais unter den Freundinnen.
Beide haben übrigens dieses mit
einander gemein, daß sie zwar
übel berüchtigt und kaltverständig
dann wieder zu Ehren zu bringen
suchen, und Sie werden mir
zugeben, daß Voltaire seine

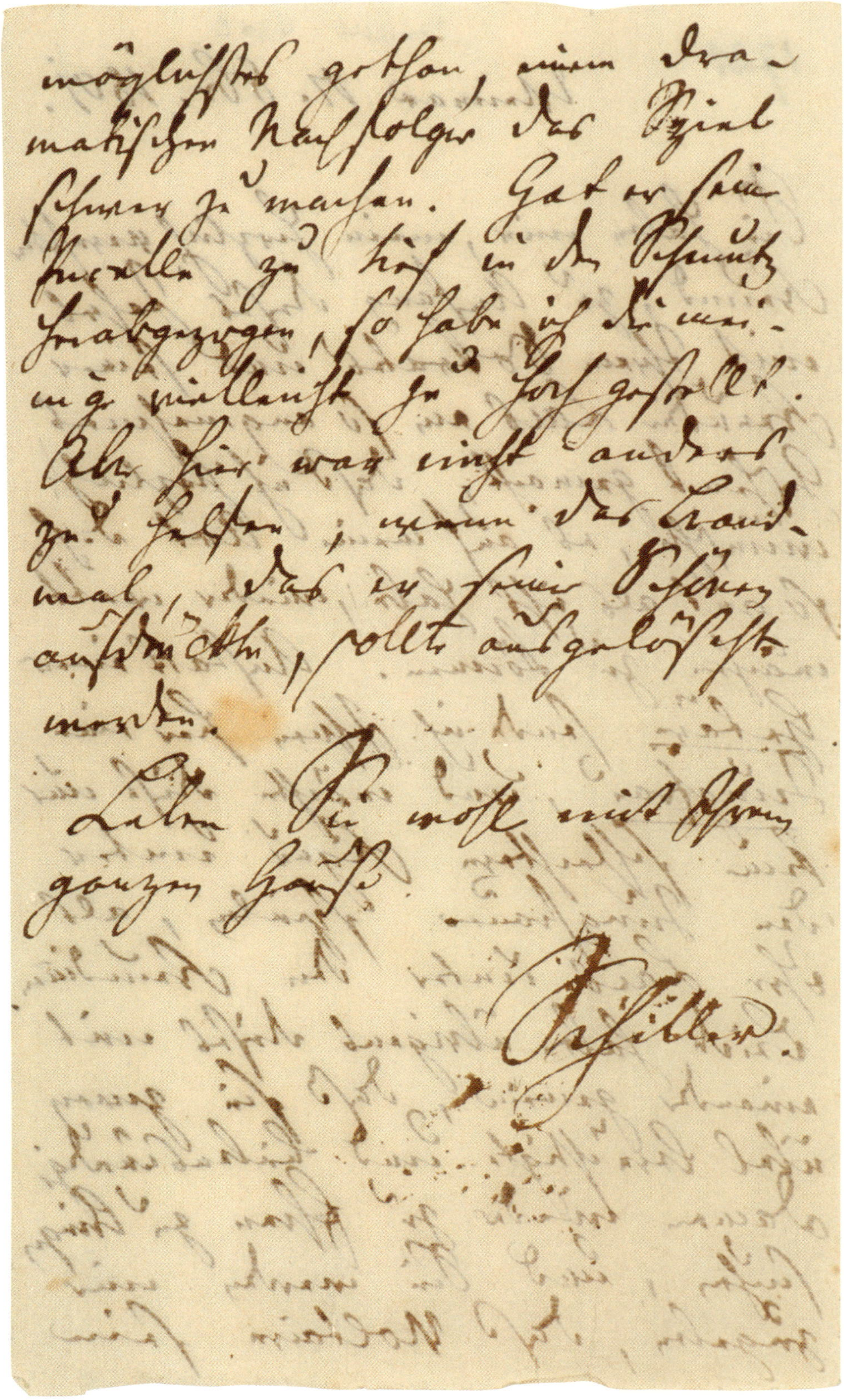
möglichstes gethan, einen dramatischen Nachfolger des Spielschers zu machen. Hat er seine Pucelle zu tief in den Schmutz herabgezogen, so habe ich die meinige vielleicht zu hoch gestellt. Aber hier war nicht anders zu helfen, wenn das Brandmal, das er seiner Schönen aufdrückte, sollte ausgelöscht werden.

Leben Sie wohl mit Ihrem ganzen Hause.

Schiller.

20

AN CHRISTOPHINE REINWALD

24. Mai 1802

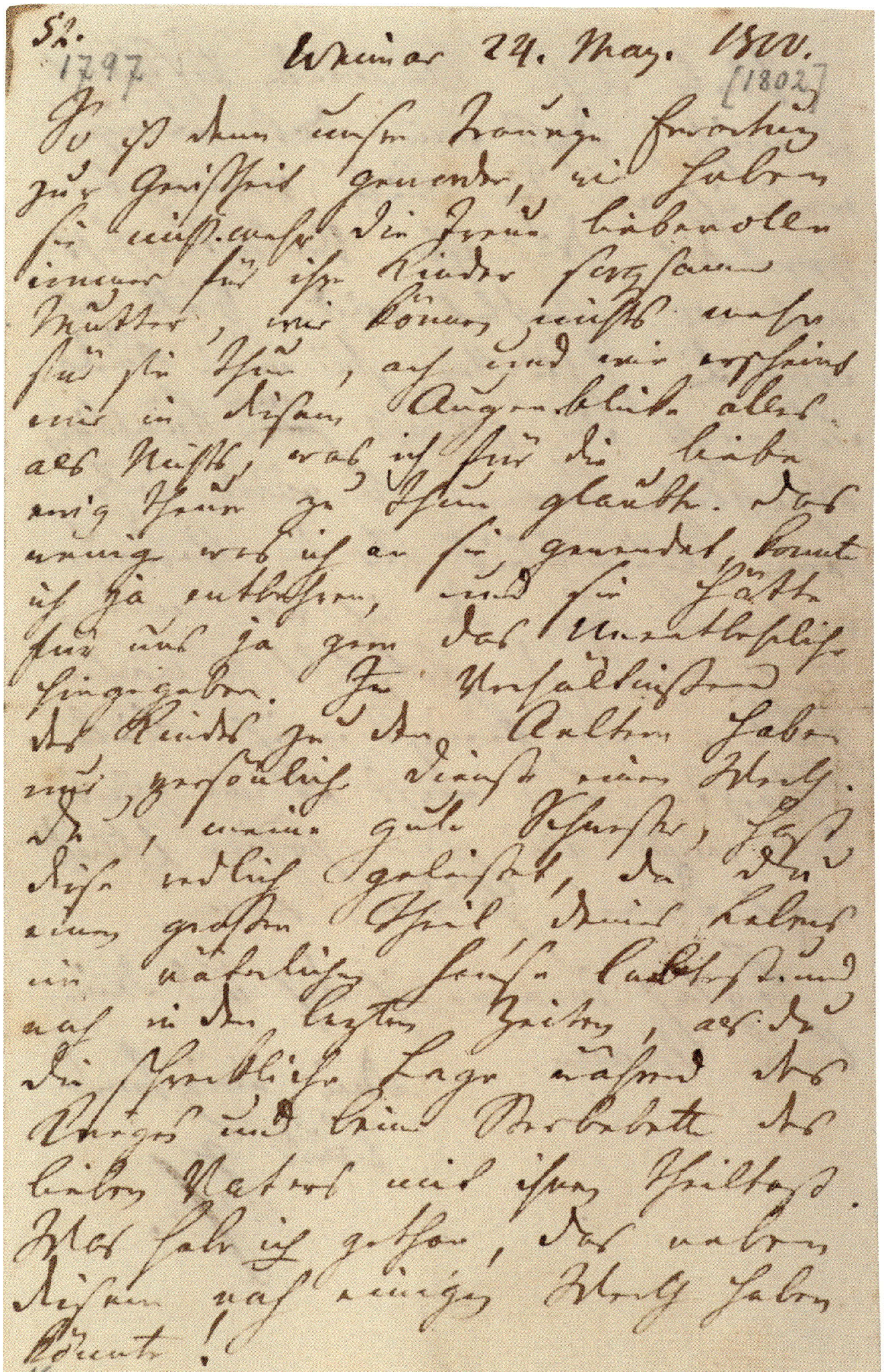
52.
1797
Weimar 24. May. 1800.
[1802]
So ist denn unsre traurige Erwartung
zur Gewißheit geworden, wir haben
sie nicht mehr die treu liebevollen
einzig für ihr Kinder sorgsamen
Mutter, wir können nichts mehr
für sie thun, ach und mir erscheint
nun in diesem Augenblick alles
als Nichts, was ich für die liebe
ewig theure zu thun glaubte. Das
wenige was ich an sie gewendet, konnte
ich ja entbehren, und sie hätte
für uns ja gern das Unentbehrliche
hingegeben. Die Verschuldigkeit
des Kindes zu den Alten haben
nur persönlich dienen einem Recht-
ich, meine gute Schwester, hast
diese redlich geleistet, da Du
einen großen Theil deines Lebens
in väterlichem Hause verlebtest und
auch in den letzten Zeiten, als du
die schreckliche Lage während des
Krieges und beim Krankenbette des
lieben Vaters mit ihr theiltest.
Alles habe ich gethan, das wahre
Kindern nach einiger Recht haben
konnten!
16.

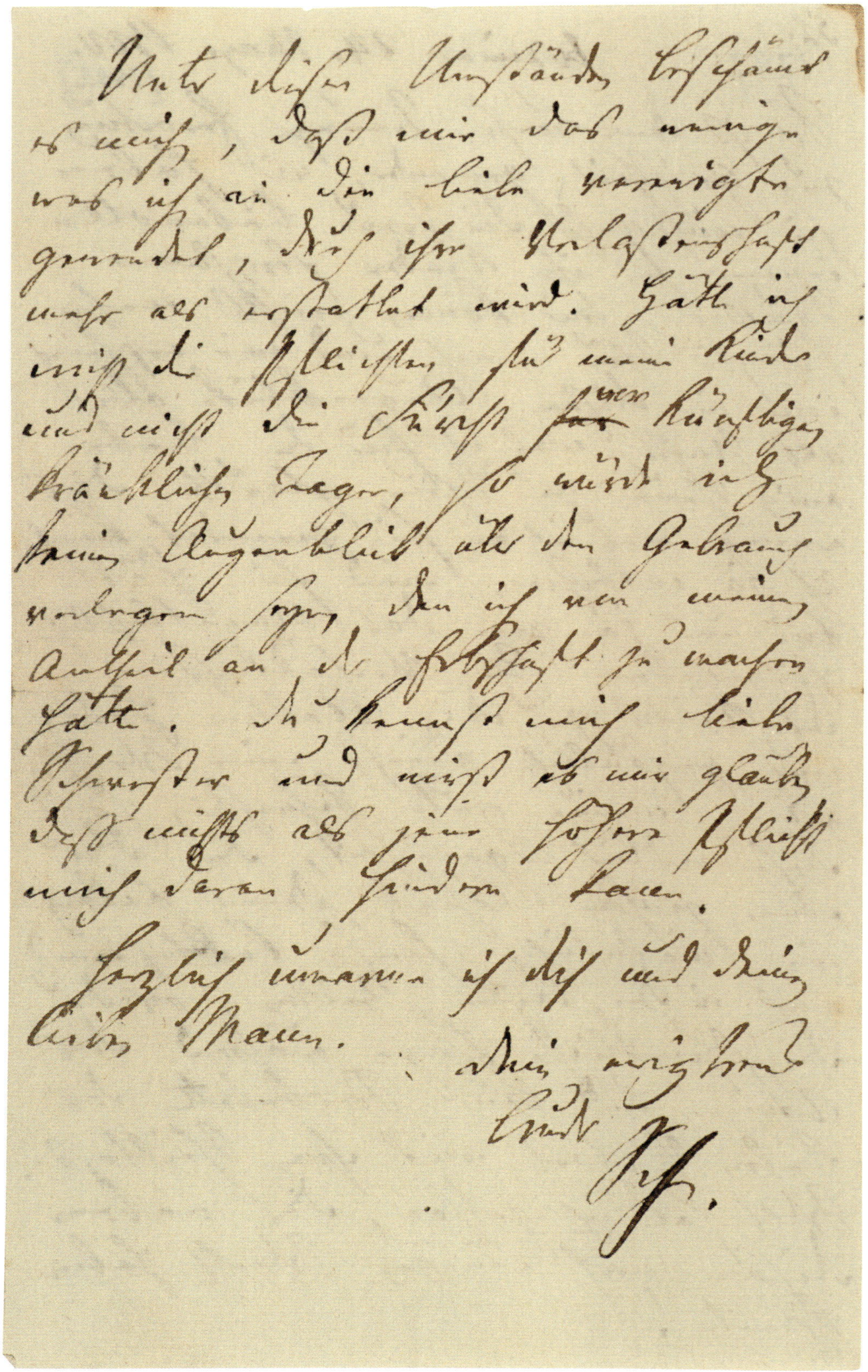
Unter diesen Umständen beschämt
es mich, daß mir das wenige
was ich an die liebe Verewigte
gewendet, durch ihre Verlassenschaft
mehr als erstattet wird. Hätte ich
nicht die Pflichten für meine Kinder
und nicht die Furcht vor künftigem
kränklichen Lager, so würde ich
keinen Augenblick über den Gebrauch
verlegen seyn, den ich von meinem
Antheil an der Erbschaft zu machen
hätte. Du kennst mich liebe
Schwester und wirst es mir glauben
daß nichts als jene höhere Pflicht
mich daran hindern kann.

Herzlich umarme ich Dich und Deinen
lieben Mann.

Dein ewig treuer
Bruder
Sch.

21

AN JOHANN WOLFGANG VON GOETHE

22. Februar 1805

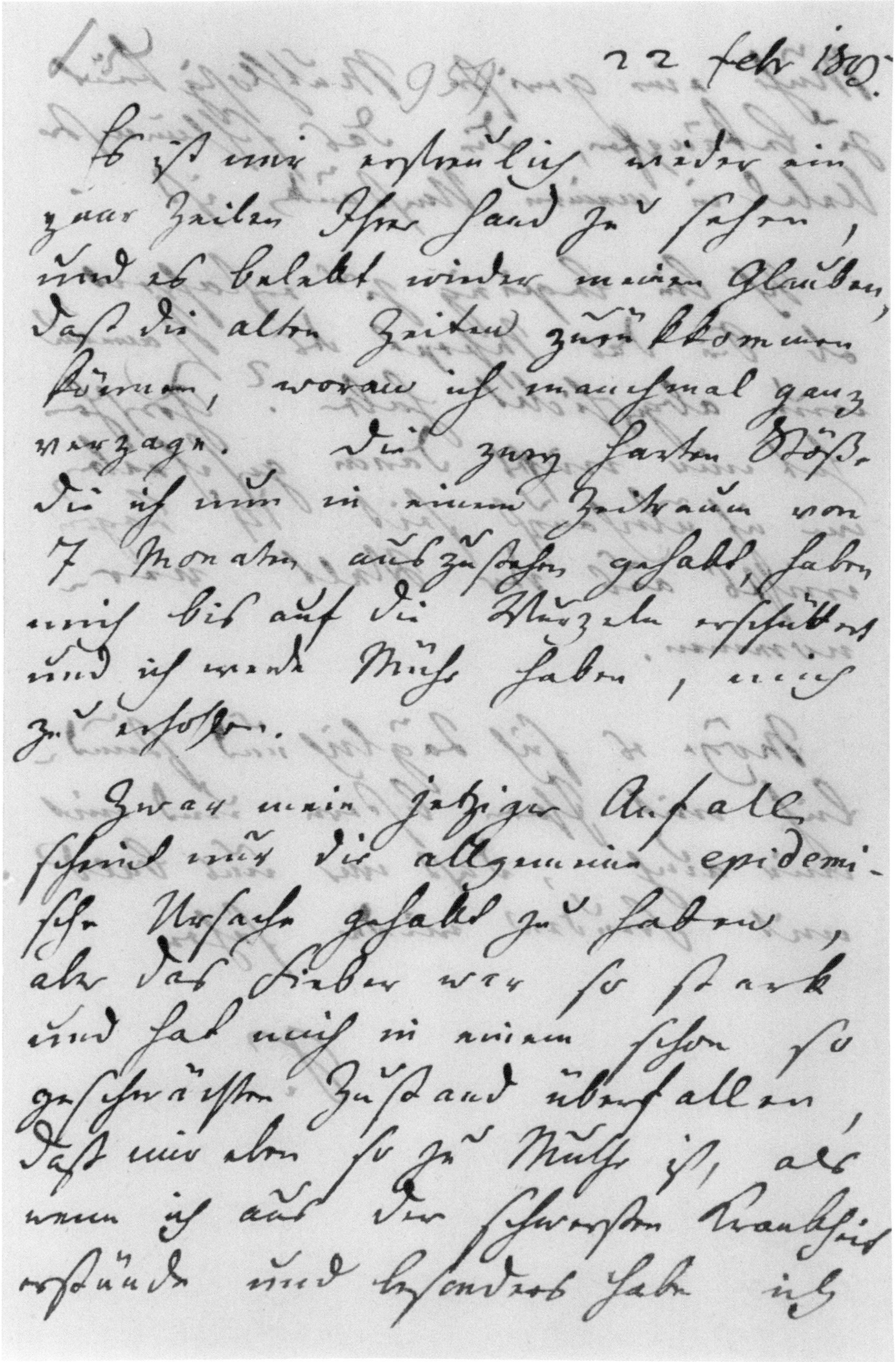

22 feb 1805.

Es ist mir erfreulich wieder ein paar Zeilen Ihrer Hand zu sehen, und es belebt wieder meinen Glauben, daß die alten Zeiten zurückkommen können, woran ich manchmal ganz verzage. Die zwey harten Stöße die ich nun in einem Zeitraum von 7 Monaten auszustehen gehabt, haben mich bis auf die Wurzeln erschüttert und ich werde Mühe haben, mich zu erholen.

Zwar mein jetziger Anfall scheint nur die allgemeine epidemische Ursache gehabt zu haben, aber das Fieber war so stark und hat mich in einem schon so geschwächten Zustand überfallen, daß mir eben so zu Muthe ist, als wenn ich aus der schwersten Krankheit erstünde und besonders habe ich

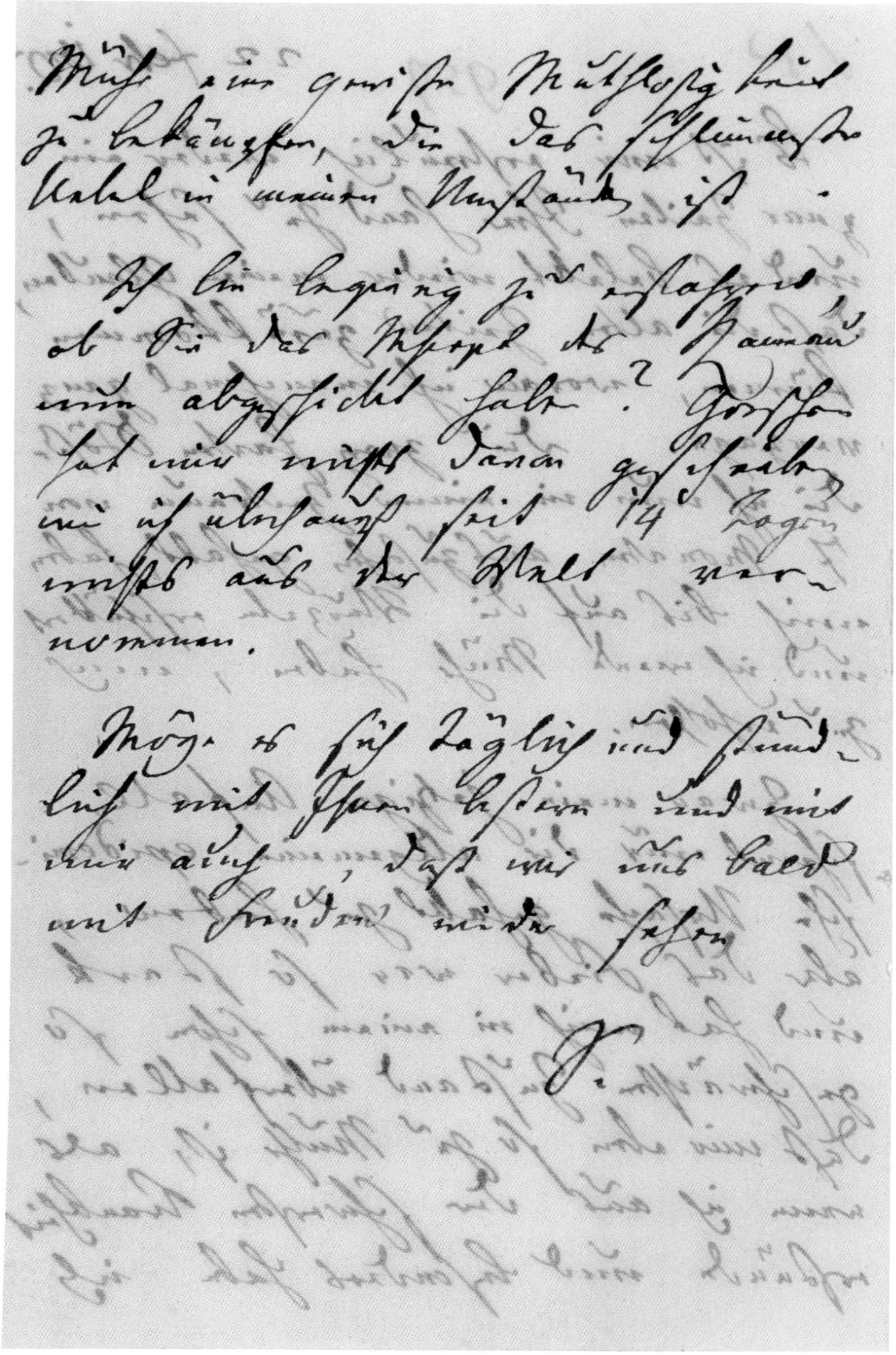

Mühe eine gewisse Muthlosigkeit bei
zu bekämpfen, die das schlimmste
Uebel in meinen Umständen ist.

Ich bin begierig zu erfahren,
ob Sie das Recept des Hamann
nun abgeschickt haben? Göthe
hat mir nichts davon geschrieben
wie ich überhaupt seit 14 Tagen
nichts aus der Welt ver-
nommen.

Möge es sich täglich und stündlich mit Ihnen bessern und mit
mir auch, daß wir uns bald
mit Freuden wieder sehen

S.

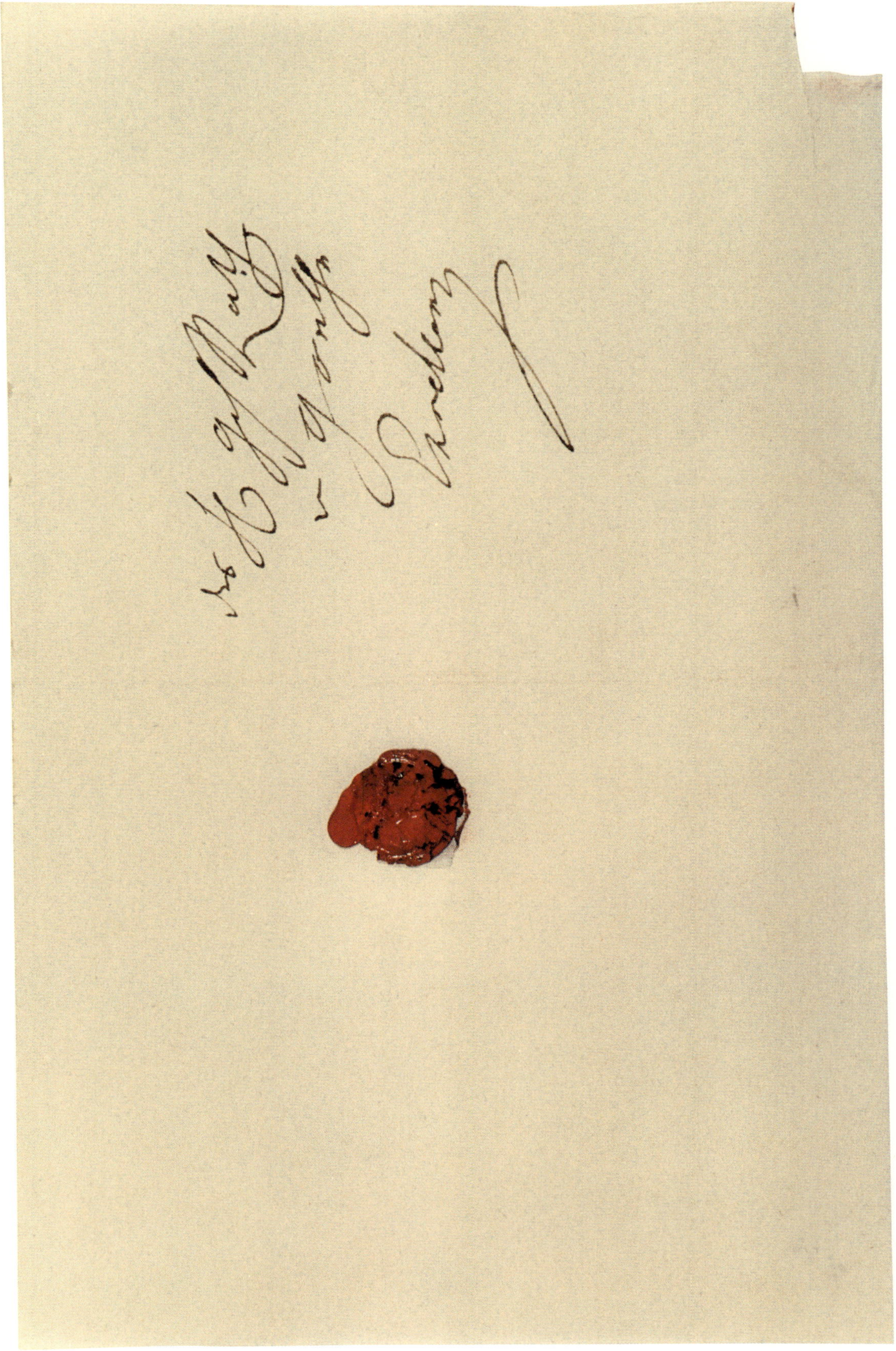

22

AN CHRISTIAN GOTTFRIED KÖRNER

25. April 1805

3.a

Weimar 25. April 1805.

Die beßre Jahrszeit läßt sich endlich auch
bei uns fühlen und bringt wieder Muth und
Stimmung; aber ich werde Mühe haben, die
harten Stöße, seit neun Monaten, zu verwinden
und ich fürchte, daß doch etwas davon zurückbleibt;
die Natur hilft sich zwischen 40 u 50 nicht mehr
so als im 30sten Jahr. Indessen will ich mich
ganz zufrieden geben, wenn mir nur Leben und
leidliche Gesundheit bis zum 50 Jahr aushält —

Goethe war sehr krank an einer Nieren-
colik mit heftigen Krämpfen, welche zweimal
zurückkehrte. D. Ärzte zweifelten, ihn ganz
herstellen zu können. Jezt hat er sich wieder
ganz leidlich erhohlt, er gieng heut aus
meinem Zimmer, wo er von einer Reise nach
Dresden sprach, die er diesen Sommer zu machen
Lust hat. Arbeiten kann er in seinen jetzigen
Gesundheitsumständen freilich nicht, und gar
nichts vornehmen ist wider seine Natur. So
ist ihm am besten gerathen, wenn er einzelne
Kunstanschauungen liebt, die ihm einen gebildeten Stoff entgegen bringen.

Er hat diesen Winter doch nicht unthätig
zugebracht. Außer einigen sehr geistvollen

53 799

Recensionen in der Jenaischen Zeitung hat er
ein ungedrucktes Manuscript Diderots, welches
durch einen glücklichen Zufall in die Hände kam,
übersetzt und mit Anmerkungen begleitet; es
kommt unter dem Titel: Rameaus Neffe
bei Göschen heraus und ich schicke dirs, sobald
es gedruckt ist. Diderots Geist lebt ganz
darin, und auch Goethe hat den seinigen
darin abgedruckt. Es ist ein Gespräch
welches der (fingierte) Neffe des Musikers
Rameau mit Diderot führt; dieser Neffe
ist das Ideal eines Schmarotzers, aber
eines Herren unter dieser Klasse, und indem er sich schildert, macht er zugleich die
Satyre der Societät, und der Welt, in
der er lebt und gedeiht. Diderot hat
darin auf eine sehr leichtfertige Art
die Feinde der Encyclopädisten durch-
gehechelt, besonders Palissot, und alle
guten Schriftsteller seiner Zeit an dem
Gesindel der Winkelkritiker gerächt —
Dabei trägt er über den großen Streit der
Musiker zu seiner Zeit seine Herzensmeinung

vor, und sagt sehr viel vortreffliches darüber.

Außer dieser Arbeit hat Goethe auch ungedruckte Briefe von Winkelmann drucken laßen und mit seinen Zusätzen und Bemerkungen begleitet. Auch diese Schrift wird Ostern heraus kommen. Poetisches ist nichts entstanden.

Ich bin zwar jezt ziemlich fleißig, aber die lange Unterbrechung von der Arbeit und die noch zurückgebliebene Schwäche laßen mich doch nur langsam fortschreiten. Wenn ich dir auch gleich meinen Gegenstand nennte, so würdest du dir doch keine Idee von meinem Stücke machen können, weil alles auf die Art ankommt wie ich den Stoff nehme und nicht wie er wirklich ist. Der Stoff ist historisch und so wie ich ihn nehme, hat er volle tragische Größe und könnte in gewissem Sinn das Gegenstück zu der Jungfrau v. Orleans heißen, ob er gleich in allen Theilen davon verschieden ist.

Von Hubers Wittwe mußt du dich losmachen sobald du kannst. Mit diesen schlaffen Naturen beschmutzt man sich nur und ist nichts als Verdruß zu gewinnen.

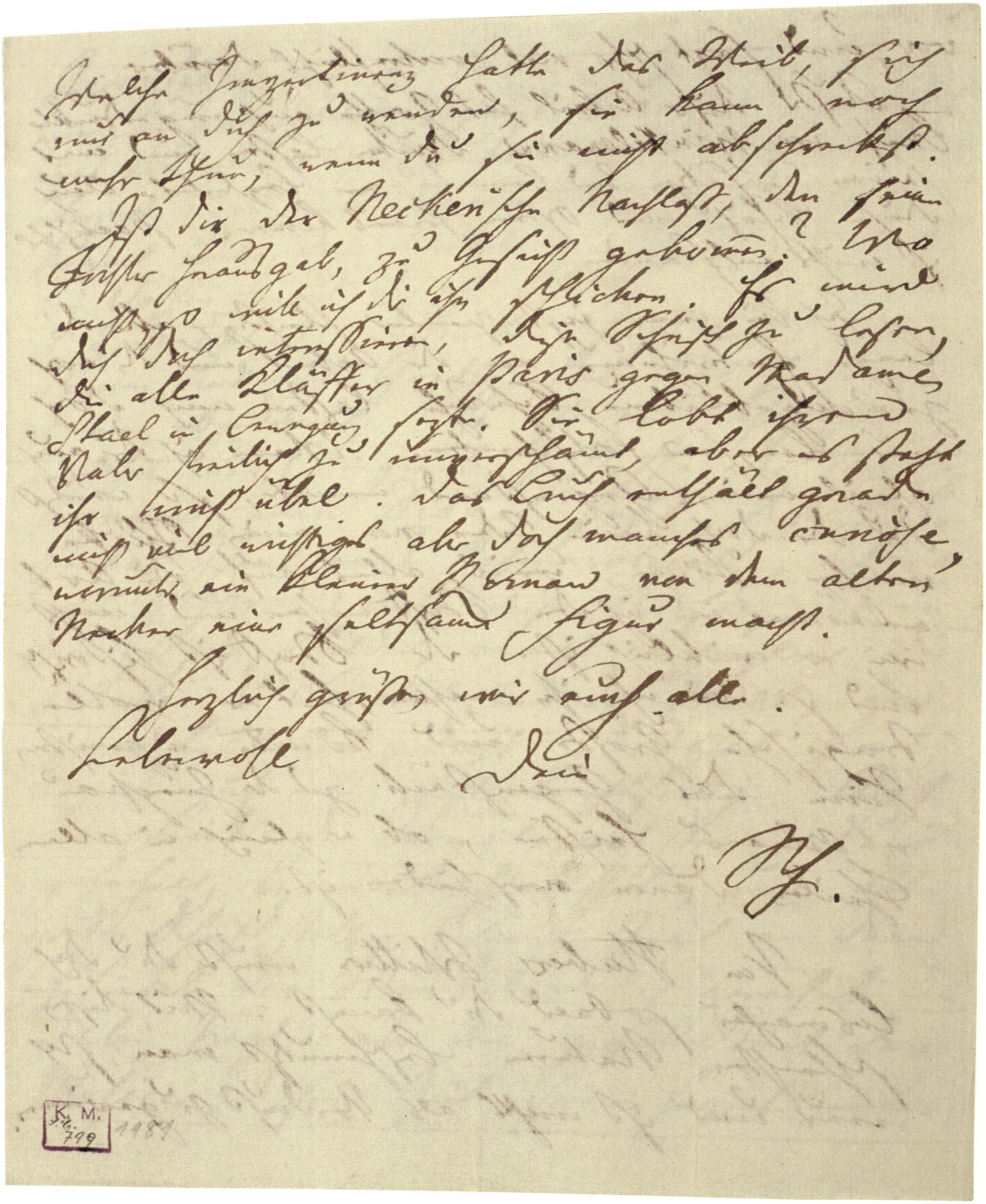

Welche Impertinenz hatte das Weib, sich
nur an dich zu wenden, sie kann noch
mehr thun, wenn du sie nicht abschreckst.
Ist dir der Neckerische Nachlaß, den frau
Staël herausgab, zu Gesicht gekommen? und wo
nicht so will ich dir ihn schicken. Es wird
dich doch interessiren, diese Schrift zu lesen,
die alle Klatscher in Paris gegen Madame
Staël in Bewegung setzt. Sie lobt ihren
Vater freilich zu unverschämt, aber es steht
ihr nicht übel. Das Buch enthält gerade
nicht viel wichtiges aber doch manches curiose
worunter ein kleiner Roman von dem alten
Necker eine seltsame Figur macht.

Herzlich grüßen wir euch alle.
Lebewohl
Dein
Sch.

K. M. 799 1181

TRANSKRIPTIONEN
UND ERLÄUTERUNGEN

HINWEIS: Schillers Werke und Briefe werden in den folgenden Erläuterungen (mit der Sigle »NA«, Band- und Seitenzahl) zitiert nach: Schillers Werke. Nationalausgabe. 1940 begründet von Julius Petersen, fortgeführt von Lieselotte Blumenthal, Benno von Wiese, Siegfried Seidel, [seit 1991] herausgegeben von Norbert Oellers. Bände 1–42. Weimar 1943–2003. – Von dieser Ausgabe sind noch nicht erschienen Band 19 II (Erläuterungen zu den Bänden 17 und 18), Band 41 II (Lebenszeugnisse II) und Band 43 (Nachträge, Korrekturen, Inhaltsverzeichnisse, Register).

1 AN CHRISTIAN DANIEL VON HOVEN

[Stuttgart, den 15. Juni 1780. Donnerstag]

Wohlgebohrner Herr

Hochzuverehrender Herr Hauptmann,

Endlich bin ich von der hefftigen Bestürzung über den traurigen Abschied meines theuersten Freunds wieder zu mir selbst gekommen, und wage es mein gepreßtes Herz durch Worte zu erleichtern. Gegen wen sollt ich dieses nun sonst thun als gegen den Vater eines unschäzbaren Sohns, als gegen Sie, der Sie mich am besten verstehen. Ich will Sie nicht mit kahlen frostigen Tröstungen betrüben, die nur allzusehr ein kaltes fühlloses Herz verrathen, nein, ich will mit Ihnen über den verlohrenen Edeln weinen, den sein Verlust ist unersezlich, und für Trostgründe zu groß. Hören Sie es also noch einmal aus dem Munde eines fühlenden Freunds, was Ihnen Ihr väterliches Herz schon Tausendmal wird gestanden haben: – Sie verloren einen werthen, liebenswürdigen Sohn, einen Jüngling, aus deßen lebhaffter GeistesKrafft künftige Größe und Bewunderung geahndet wurde, einen Jüngling deß empfindungsvolles, zärtliches Hertz Ihm die Liebe aller Menschen erwarb, und izo durch das Allgemeine Trauren derer die Ihn kannten auf das vollkommenste gerechtfertigt wird, einen Jüngling voll der schönsten Hoffnungen, der schmeichelhafftesten Aussichten, und der es werth war der Stolz seines Vaters zu seyn, und der würdigste war unter uns allen länger und glüklicher zu leben. Alles diß würden Seine erbittertsten Feinde gestehen müßen – (er hatte keinen einzigen) – aber was bleibt nun Seinen Freunden noch übrig? Was bleibt mir noch übrig?
Ja, ich kan es fühlen was es heißt seine schönsten Hoffnungen, die Freuden seines Lebens in einem Sarge dahintragen sehen, ich weis daß die Klagen eines untröstlichen Vaters gerecht sind, – und weis daß die Klagen des Vaters zu dem ich izt rede, zehenfach gerechter sind als aller andrer – denn ich empfind es, wie schwer es schon meinem eigenen zärtlichen Vater würde gefallen seyn, wenn dieser Schlag mich getroffen hätte, da ich doch in keinem Stük auf den Werth Ihres lieben Sohns Anspruch machen darf. ——

Aber haben Sie Ihren Sohn denn verloren? – verloren? — War Er glüklich, und ist es izt nicht mehr? – Ist er zu bedauren, oder nicht vielmehr zu beneiden?
Ich mache zwar diese Fragen einem geschlagenen Vater, deßen Seelenleiden ich freilich niemals nachempfinden kann, aber ich mache sie auch einem Weisen, einem Christen, der es weiß, daß ein Gott Leben und Tod verhängt, und ein ewig weiser Rathschluss über uns waltet. Was verlor Er das Ihm nicht dort unendlich ersezt wird? Was verließ Er, das Er nicht dort freudig wieder finden, ewig wieder behalten wird? – Und starb Er nicht in der reinsten Unschuld des Herzens, mit voller Fülle jugendlicher Krafft zur Ewigkeit ausgerüstet, eh Er noch den Wechsel der Dinge, den

bestandlosen Tand der Welt beweinen durffte, wo so viele Plane scheitern, so schöne Freuden verwelken, so viele so viele Hoffnungen vereitelt werden? –

Das Buch der Weißheit sagt vom frühen Tod des Gerechten
„Seine Seele gefiel Gott, darum eilet er mit Ihm aus dem
„bösen Leben. Er ist bald vollkommen worden und hat viele Jahre
„erfüllt. Er ward hingerükt daß die Bosheit seinen Verstand nicht
„verkehre, noch falsche Lehre Seine Seele betrüge.„ – So gieng Ihr Sohn zu dem zurük von dem Er gekommen ist, so kam er früher und reinbehalten dahin, wohin wir später aber auch schwerer beladen mit Vergehungen gelangen. Er verlor nichts, und gewann alles.

Bester Vater meines geliebten Freunds, das sind nicht auswendig gelernte Gemeinsprüche, die ich Ihnen hier vortrage, es ist eigenes wahres Gefühl meines Herzens, das ich aus einer traurigen Erfahrung schöpffen mußte; Tausendmale beneidete ich Ihren Sohn wie er mit dem Tode rang, und ich würde mein Leben mit eben der Ruhe statt seiner hingegeben haben, mit welcher ich schlafen gehe. Ich bin noch nicht ein und zwanzig Jahr alt, aber ich darf es Ihnen frei sagen, die Welt hat keinen Reiz für mich mehr, ich freue mich nicht auf die Welt, und jener Tag meines Abschieds aus der Akademie, der mir vor wenig Jahren ein freudenvoller Festtag würde gewesen seyn, wird mir einmal kein frohes Lächeln abgewinnen können. Mit jedem Schritt den ich an Jahren gewinne, verlier ich immer mehr von meiner Zufriedenheit, je mehr ich mich dem reifern Alter nähere, desto mehr wünscht ich als Kind gestorben zu seyn. Wäre mein Leben mein eigen, so würd ich nach dem Tod Ihres theuren Sohns geizig seyn, so aber gehört es einer Mutter, und dreien ohne mich hilflosen Schwestern, den ich bin der einzige Sohn, und mein Vater fängt an graue Haare zu bekommen. —

Aber nun Sie? – Sind Sie nicht ein glüklicher Vater? Sie verloren einen Sohn, der Ihnen theuer war, aber schon freut sich ein zweiter, die doppelte süße Pflicht zu tragen, und dieser allein war es auch würdig, die Stelle des Entrißenen zu ersezen. Er fühlt was er Ihnen schuldig ist, er strengt alle Kräffte seines Geists auf diesen einzigen Zwek an, und wird Ihnen zehenmal mehr leisten, als ich meinem Vater jemals versprechen kann. Weinen Sie über den Verlust des würdigsten Jünglings, weinen Sie, denn er ist alles werth, – doch vergeßen Sie niemals, daß Ihr anderer Sohn, ich darf kek sagen, Ihr großer Sohn, dadurch beleidigt werden muss, wenn Sie Ihre Hoffnungen mit jenem im Grabe verscharren.

Und nun verzeihen Sie mir wenn ich mich anmaßte einen Vater zu trösten, da ich selbst noch ein unerfahrener Jüngling bin. Ich weis, daß Sie Fülle des Trosts aus Ihrem eignen vortrefflichen Herzen und aus der Religion schöpffen können, und was ich hier sagte war mehr zu meiner eigenen Beruhigung, denn ich verlor in Ihm einen herrlichen Freund. Aber es gibt ja eine Welt wo die Getrennten sich wieder vereinen, dort werden Sie ihren Sohn als einen verklärten Engel wiederum umarmen, dort werd ich Freudentränen weinen am Halse meines theuren werthen Freunds. Stets soll mir Sein Andenken heilig seyn, und jede Spur von Ihm eine Reliquie. Könnt ich

Ihnen in mir einen zweiten Sohn, könnt ich Ihrem ältern Sohn einen Bruder schenken, so wollt ich stolz auf mich selbst seyn. Aber es soll mehr an meinen Kräfften, nimmermehr aber an meinem Willen fehlen.

Ich empfehle mich Ihnen und Ihrem ganzen Hauße in ewiger Gewogenheit und Freundschafft, und wünschte nichts mehr als mich nennen zu dürfen

Wohlgebohrener Herr

Stutgardt. d. 15. Jun. 1780. Hochzuverehrender Herr Hauptmann

Dero gehorsamsten Sohn JCFrSchiller

KORREKTUREN

28 Er] *korrigiert aus* er

55 mir] *über gestrichen* nicht

ERLÄUTERUNGEN

Handschrift: (1 Doppelblatt 18,6 x 23,1 cm):
Deutsches Literaturarchiv/Schiller-Nationalmuseum Marbach a. N.

Die Familie des württembergischen Hauptmanns Christian Daniel von Hoven (1732–1823) hatte seit Ende 1766 in Ludwigsburg im selben Haus wie die Familie Schiller gewohnt. Christoph August von Hoven (geb. 1761), der auf der Herzoglichen Militärakademie, der »Carlsschule«, die Schiller von Anfang 1773 bis Ende 1780 besuchte, Rechtswissenschaften studiert hatte, war am 13. Juni 1780 gestorben. Auf seinen Tod schrieb Schiller auch ein neunstrophiges Gedicht (»Eine Leichenfantasie«), dessen letzte Strophe lautet (NA 1, 90):

Mit erstorbnem Scheinen
Steht der Mond auf todenstillen Haynen,
Seufzend streicht der Nachtgeist durch die Luft.
Nebelwolken schauern,
Sterne trauern
Bleich herab wie Lampen in der Gruft.
Dumpfig schollerts überm Sarg zum Hügel,
O um Erdballs Schäze nur noch einen Blik!
Starr und ewig schließt des Grabes Riegel,
Dumpfer – dumpfer schollerts über'm Sarg zum Hügel,
Nimmer gibt das Grab zurük.

Eng befreundet war Schiller mit dem älteren Bruder des Verstorbenen, Friedrich Wilhelm von Hoven (1759–1838), der – wie Schiller seit 1776 – auf der Militärakademie Medizin studierte und später als Arzt in Ludwigsburg praktizierte.

Schillers nach dem Muster konventioneller Totenreden abgefaßter Brief ist für sich genommen kein Zeugnis der Betroffenheit über den Tod des Mitschülers. Aus einem Brief an die Schwester Christophine vom 19. Juni 1780 geht indes hervor, daß der Schmerz nicht erkünstelt war. Es heißt da: O meine Liebe mit Mühe, mit schwerer Mühe hab ich mich aus Betrachtungen des Todes und menschlichen Elends heraus gearbeitet, denn es ist etwas sehr Trauriges, theure Schwester, einen Jüngling voll Geist und Güte und Hoffnung dahinsterben sehen – den der Verstorbene theure und edle Jüngling war mir euserst interessant. Du kanntest ihn zu Ludwigsburg als wild und leichtsinnig und roh – aber er bildete sich in den 9 Jahren die er in der Academie zubrachte, besonders in den zwei leztern auf die vortheilhaffteste Weise zu einem feinen, empfindungsvollen zärtlichen und geistvollen Jüngling, wie wenig sind –. Und ich darf Dir sagen, mit Freuden wär ich für ihn gestorben. Den er war mir so lieb, und das Leben war, und ist mir eine Last worden. *(NA 23, 13)*

40-43 „Seine Seele *bis* betrüge."] *Vgl. »Buch der Weisheit« 4, 10f.*
59 geizig seyn] *Daß der Schreiber eines Kondolenzbriefes nach dem Tod ›geizte‹, gehört zu den Floskeln damaliger Zeit; doch ist vielfach bezeugt, daß der jugendliche Schiller gelegentlich an Lebensüberdruß litt.*
82 Ihrem ganzen Hauße] *Hoven, der mit Klara von Hoven, geb. Vischer (1734–1813), verheiratet war, hatte außer dem Sohn Friedrich Wilhelm noch vier Töchter im Alter von 6 bis 15 Jahren.*

2 AN HERZOG CARL EUGEN VON WÜRTTEMBERG

Durchlauchtigster Herzog

Gnädigster Herzog und Herr

Stuttgardt. d. 1. Septemb. 1782. [Sonntag]
Friderich Schiller, Medicus bei dem löblichen Generalfeldzeugmeister von Augéischen Grenadierregiment bittet unterthänigst um die gnädigste Erlaubniß ferner litterarische Schriften bekant machen zu dörfen.

Eine innere Überzeugung, daß mein Fürst, und unumschränkter Herr zugleich auch mein Vater sey, gibt mir gegenwärtig die Stärke Höchstdenenselben einige unterthänigste Vorstellungen zu machen, welche die Milderung des mir gnädigst zugekommenen Befehls: nichts litterarisches mehr zu schreiben, oder Ausländern zu communicieren, zur Absicht haben.

Eben diese Schriften haben mir bishero zu der, mir von Eurer Herzogl. Durchl. gnädigst zuerkannten jährlichen Besoldung noch eine Zulage von fünfhundert und funfzig Gulden verschaft, und mich in den Stand gesezt, durch Correspondenz mit auswärtigen großen Gelehrten, und Anschaffung der zum Studieren benöthigten Subsidien ein nicht unbeträchtliches Glük in der gelehrten Welt zu machen. Sollte ich dieses Hilfsmittel aufgeben müßen, so würd ich künftig gänzlich außer Stand gesezt seyn meine Studien planmäßig fortzusezen, und mich zu dem zu bilden, was ich hoffen kann zu werden.

Der allgemeine Beifall, womit einige meiner Versuche vom ganzen Deutschland aufgenommen wurden, welches ich Höchstdenenselben unterthänigst zu beweisen bereit bin, hat mich einigermaßen veranlaßt, stolz seyn zu können, daß ich von allen bisherigen Zöglingen der grosen Karlsacademie der erste und einzige gewesen, der die Aufmerksamkeit der großen Welt angezogen, und ihr wenigstens einige Achtung abgedrungen hat – eine Ehre, welche ganz auf den Urheber meiner Bildung zurükfällt! Hätte ich die litterarische Freiheit zu weit getrieben, so bitte ich Ewr. Herzogl. Durchl. allerunterthänigst, mich öffentliche Rechenschaft davon geben zu laßen, und gelobe hier feierlich alle künftige Produkte einer scharfen Zensur zu unterwerfen.

Nocheinmal wage ich es Höchstdieselbe auf das submisseste anzuflehen, einen gnädigen Blik auf meine unterthänigste Vorstellungen zu werfen, und mich des einzigen Weegs nicht zu berauben, auf welchem ich mir einen Namen machen kann.

Der ich in aller devotester Submission ersterbe

Ewr Herzogl. Durchlaucht

unterthänigst treugehorsamster
Frid. Schiller
Regimentsmedicus

a Son Altesse Serenissime
Monseigneur le Duc regnant
de Wirtemberg et Teec
reliq. reliq.

ERGÄNZUNG

20 ich] *in der Zeile ergänzt*

ERLÄUTERUNGEN

Handschrift (2 Einzelblätter 20,3 x 33 cm; beschädigt):
Deutsches Literaturarchiv/Schiller-Nationalmusem Marbach a. N.

Carl Eugen von Württemberg (1728–1793), seit 1744 regierender Herzog, ist in die Geschichte ebenso als despotischer Herrscher wie als Förderer der schönen Wissenschaften und freien Künste eingegangen. Zu seinen folgenreichsten Unternehmungen gehört die 1770 gegründete, zunächst auf dem Lustschloß Solitude bei Stuttgart untergebrachte »Militärakademie«, auf der er begabte Soldatenkinder kostenlos als künftige Staatsdiener streng erziehen und gründlich ausbilden ließ. 1775 wurde die Akademie nach Stuttgart verlegt, 1781 erlangte sie als »Hohe Carlsschule« den Rang einer Universität.

Johann Caspar Schiller (1723–1796) schickte seinen Sohn Friedrich Anfang 1773 auf die Solitude, nachdem ihn der Herzog dreimal zu diesem Schritt aufgefordert hatte. Der Schüler bereitete sich auf der Akademie zunächst auf eine juristische, seit 1776 auf eine medizinische Laufbahn vor. Ende 1780 wurde er entlassen und als Regimentsmedicus dem Grenadierregiment des schon betagten Generals Johann Abraham David von Augé (1698–1784) zugewiesen, dem er bis zu seiner Flucht aus Stuttgart (am 22. September 1782) diente. Nachdem sich Schiller im Januar und Mai 1782 zweimal ohne Erlaubnis nach Mannheim, in die ›ausländische‹ Kurpfalz, entfernt hatte, einmal, um der triumphalen Uraufführung seiner »Räuber« beizuwohnen, das andere Mal, um eine weitere Aufführung des Stücks zu sehen, verhängte der Herzog zunächst eine vierzehntägige Arreststrafe; als dann gegen eine Stelle in den »Räubern« – »reis du ins Graubündner Land, das ist das Athen der heutigen Jau-

ner« (II, 3; NA 3, 55) – ein geharnischter Protest beim Herzog eingetroffen war, wurde dem jugendlichen Dichter jede weitere nicht-medizinische Schriftstellerei untersagt.
Der Herzog verweigerte die Annahme des vorliegenden Briefs und beförderte dadurch Schillers Entschluß, sobald wie möglich aus Stuttgart ins ›Ausland‹ zu fliehen.

16-17 Zulage von fünfhundert und funfzig Gulden] *Davon konnte nicht die Rede sein: Bisher hatte Schiller durch die Veröffentlichung der »Räuber« und der Gedichtsammlung »Anthologie auf das Jahr 1782« nur seine Schulden vermehrt, die inzwischen auf etwa 300 Gulden angewachsen waren. Schillers Jahresgehalt als Regimentsmedicus betrug 216 Gulden (das entspricht etwa 3300 Euro).*
17-18 Correspondenz mit auswärtigen großen Gelehrten] *Die gab es nicht.*
23 Der allgemeine Beifall] *Schiller dachte vermutlich an die begeisterte Aufnahme, die sein Erstlingsdrama »Die Räuber« bei der Uraufführung in Mannheim am 13. Januar 1782 gefunden hatte. Das Stück hatte auch in einigen Rezensionen neben Tadel im einzelnen Lob im allgemeinen gefunden. Christian Friedrich Timme (1752–1788), Magister in Arnstadt, hatte in der »Erfurtischen Gelehrten Zeitung« vom 24. Juli 1781 die schönsten Hoffnungen geweckt: »Volle blühende Sprache, Feuer im Ausdruck und Wortfügung, rascher Ideengang, kühne fortreisende Fantasie, einige hingeworfene, nicht genug überdachte Ausdrüke, poetische Deklamazionen, und eine Neigung nicht gern einen glänzenden Gedanken zu unterdrüken, sondern alles zu sagen, was gesagt werden kan, alles das karakterisirt den Verfasser als einen jungen Mann, der bei einem raschen Kreislauf des Bluts und einer fortreisenden Einbildungskraft, ein warmes Herz voll Gefül und Drang für die gute Sache hat. Haben wir je einen teutschen Shakespear zu erwarten, so ist es dieser.« – Für seine »Anthologie auf das Jahr 1782« war Schiller bisher noch nicht mit Beifall bedacht worden. Allerdings hatte der Herausgeber des »Schwäbischen Magazins«, Balthasar Haug (1731–1792), schon 1776 aus Anlaß des von ihm zur Veröffentlichung angenommenen Schillerschen Gedichts »Der Abend« den Autor gelobt : »Es dünkt mich, der [...] hat schon gute Autores gelesen [...].« Und im folgenden Jahr hatte er das ebenfalls ins »Schwäbische Magazin« eingerückte Gedicht »Der Eroberer« kommentiert: »Von einem Jüngling, der allem Ansehen nach Klopstoken lißt, fühlt und beynahe versteht.« (NA 2 II A, 17 und 21)*
43 Teec] *Teck. Die in der Schwäbischen Alb gelegene Burg war seit dem 12. Jahrhundert Sitz einer Nebenlinie der Herzöge von Zähringen; im 14. Jahrhundert waren Burg und Herrschaft an Württemberg gefallen.*
44 reliq. reliq.] *Lat. »reliquum«: Das (noch) Übrige. Gemeint ist hier: auf die Nennung der weiteren Titel sei verzichtet.*

3 AN HENRIETTE VON WOLZOGEN

Bauerbach. Früh morgens am 28. Mai.
83. [Mittwoch]

Alle guten Geister heute über Sie!

Da siz ich, reibe mir die Augen, will zu Ihnen, und besinne mich, dass ich den Kaffe allein trinken mus – aber mein Herz ist zwischen Ihnen und unsrer Lotte, und begleitet Sie bis ins Zimmer der Herzogin. Heute Freundin wünsche ich Ihnen die Stimme eines Donners – die Festigkeit eines Felsen, und die Verschlagenheit der Schlange im Paradies. Denken Sie daran daß Sie nichts als elende Hundert Thaler dran sezen, aber für Sich und die Lotte und auch für mich alles zu gewinnen haben. Sagen Sie die ganze Pension ab, so will ich alle Jahr eine Tragödie mehr schreiben, und auf den Titel schreiben:

Trauerspiel für die Lotte.

Im Ernst, liebe Freundin, sehen Sie zu, dass Sie mit guter Art von der H. loskommen. und die Lotte von der Amtmännin erlösen.

Ich erwarte Sie also 7 Uhr zu Masfeldt bei der Pachterin, bis dahin lebe ich einen langen traurigen Tag. Das obere Wohnzimmer wird heute und morgen nicht gebrükt. Der Schreiner sagt dass er unmöglich fertig werden könne. Das Maas für die Schuhe folgt. Außerdem fodert der Schneider 3 Duzend kleine beinerne Knöpfe zu der Weste und Hosen, welche Sie so gnädig seyn werden zu besorgen. Also um 7 Uhr præcise bei der Pachterin, und die Neuigkeit mit Ihnen, daß Lotte von der Amtmännin wegkommt. Biß dahin Ihr hoffnungsvoller Freund

R.

Diese Blumen schike ich der Lotte.

an
Frau v. Wolzogen

zu
Meinungen

KORREKTUREN

10 Tragödie] *danach* darüber *gestrichen*
21 Amtmännin] *über gestrichen* Pachterin

ERLÄUTERUNGEN

Handschrift (1 Blatt 17,1 x 20,8 cm; beschädigt):
Goethe- und Schiller-Archiv Weimar

Henriette von Wolzogen, geb. Marschalk von Ostheim (1745–1788), die Herrin des bei Meiningen im Thüringischen gelegenen Gutes Bauerbach, war die Mutter Wilhelm von Wolzogens (1762–1809), eines Zöglings der Carlsschule, der später Caroline von Beulwitz, die Schwester von Schillers Frau, heiratete (vgl. die Erläuterungen zum Brief Nr 5). Bei einem Besuch in Stuttgart hatte Henriette von Wolzogen im Sommer 1781 Schiller kennengelernt. Seit Dezember 1782 gewährte sie dem Dichter, der sich noch immer vom Herzog Carl Eugen verfolgt wähnte, Unterkunft auf ihrem Gut. Während seines Aufenthaltes in Bauerbach (bis Juli 1783) faßte Schiller eine entschiedene, aber nicht erwiderte Neigung zur Tochter seiner Gönnerin, Charlotte von Wolzogen (1766–1794).

6 bis ins Zimmer der Herzogin] *Die Herzogin Charlotte von Sachsen-Gotha (1751–1827) ließ Charlotte von Wolzogen auf ihre Kosten in einer Pension in Hildburghausen erziehen. Da Charlotte sich dort unglücklich fühlte, suchte ihre Mutter in einem Gespräch mit der Herzogin, eine Änderung der Verhältnisse herbeizuführen. Zu dem von Schiller erhofften Ergebnis der Unterredung kam es freilich nicht: Charlotte durfte nicht auf Dauer nach Bauerbach zurückkehren, sondern wurde, wie es die Herzogin angedroht hatte, zu einer Amtmannsfrau (in Maßfeld?) gegeben, wo sie die Hauswirtschaft erlernen sollte.*
15 Pachterin] *Nicht ermittelt.*
17 gebrükt] *Brücken: dielen, mit Brettern belegen.*
22 R.] *Ritter, wie sich Schiller in den ersten Monaten nach seiner Flucht nannte.*

4 AN LUDWIG FERDINAND HUBER, CHRISTIAN GOTTFRIED KÖRNER, DORA STOCK UND MINNA STOCK

Mannheim den 7. December 84. [Dienstag]

Nimmermehr können Sie mirs verzeihen, meine Werthesten, dass ich auf Ihre freundschaftsvollen Briefe, auf Briefe die soviel Enthousiasmus und Wolwollen gegen mich athmeten, und von den schäzbarsten Zeichen Ihrer Güte begleitet waren, sieben Monate schweigen konnte. Ich gestehe es Ihnen, daß ich den jezigen Brief mit einer Schaamröthe niederschreibe, welche mich vor mir selbst demütigt, und dass ich meine Augen in diesem Moment wie ein Faiger vor Ihren Zeichnungen niederschlage, die über meinem Schreibtisch hangen, und in dem Augenblik zu leben, und mich anzuklagen scheinen. Gewiss meine Vortreflichen Freunde und Freundinnen, die Beschämung und die Verlegenheit welche ich gegenwärtig leide ist Rache genug. Nehmen Sie keine andre mehr. Aber erlauben Sie mir nur einige Worte – nicht um diese unerhörte Nachläßigkeit zu entschuldigen, nur sie Ihnen einigermaasen begreiflich zu machen.

Ihre Briefe, die mich unbeschreiblich erfreuten, und eine Stunde in meinem Leben auf das angenehmste aufgehellt haben, trafen mich in einer der traurigsten Stimmungen meines Herzens, worüber ich Ihnen in Briefen kein Licht geben kann. Meine damalige Gemüthsfaßung war diejenige nicht worinn man sich solchen Menschen, wie ich Sie mir denke, gern zum erstenmal vors Auge bringt. Ihre schmeichelhafte Meinung von mir war freilich nur eine angenehme Illusion – aber dennoch war ich schwach genug zu wünschen, daß sie nicht allzuschnell aufhören möchte. Darum, meine theuersten, behielt ich mir die Antwort auf eine beßere Stunde vor – auf einen Besuch meines Genius, wenn ich einmal, in einer schöneren Laune meines Schiksals, schöneren Gefühlen würde geöfnet seyn. Diese Schäferstunden blieben aus, und in einer traurigen Stuffenreihe von Gram und Widerwärtigkeit vertroknete mein Herz für Freundschaft und Freude. Unglükselige Zerstreuungen, deren Andenken mir in diesem Augenblik noch Wunden schlägt, löschten diesen Vorsaz nach und nach in meinem harmvollen Herzen aus. Ein Zufall, ein wehmütiger Abend erinnert mich plözlich wieder an Sie, und mein Vergehen, ich eile an den Schreibtisch Ihnen, meine lieben, diese schändliche Vergeßenheit abzubitten, die ich auf keine Weise aus meinem Herzen mir erklären kann. Wie empfindlich mußte Ihnen der Gedanke seyn, einen Menschen geliebt zu haben, der fähig war Ihre zuvorkommende Güte, so wie ich, zu beantworten! Wie mußten Sie Sich eine That reuen laßen, die Sie an dem undankbarsten auf dem Erdboden verschwendeten! – Aber nein. Das leztere bin ich niemals gewesen, und habe schlechterdings keine Anlage es zu seyn. Wenn Sie nur wenige Funken von der Wärme übrig behielten, die Sie damals gegen mich hegten, so fodre ich Sie auf mein Herz auf die strengsten Proben zu sezen, und mich diese bisherige Nachläßigkeit auf alle Arten wieder ersezen zu laßen.

Und nun genug von einer Materie, wobei ich eine so nachtheilige Rolle spiele.

Wenn ich Ihnen bekenne, daß Ihre Briefe und Geschenke das angenehmste waren, was mir – vor und nach – in der ganzen Zeit meiner Schriftstellerei widerfahren ist, daß diese fröliche Erscheinung mich für die mancherlei Verdrüßliche Schiksale schadlos hielt, welche in der Jünglingsepoche meines Lebens mich verfolgten – daß, ich sage nicht zuviel, daß Sie, meine Theuersten, es Sich zuzuschreiben haben, wenn ich die Verwünschung meines Dichterberufes, die mein widriges Verhängniß mir schon aus der Seele preßte, zurüknahm, und mich endlich wieder glüklich fühlte – Wenn ich Ihnen dieses sage, so weiss ich, daß Ihre Gütige Geständniße gegen mich Sie nicht gereuen werden. Wen solche Menschen, solche schöne Seelen den Dichter nicht belohnen, wer thut es denn?

Ich habe nicht ohne Grund gehoft Sie dieses Jahr noch von Angesicht zu Angesicht zu sehen, weil es im Werke war, dass ich nach Berlin gehen wollte. Die Dazwischenkunft einiger Umstände macht diesen Vorsaz wenigstens für ein Jahr rükgängig, doch könnt es kommen, dass ich auf der Jubilate Meße Leipzig besuchte. Welche süße Momente, wenn ich Sie da treffe, und Ihre wirkliche Gegenwart auch sogar die geringste Freudenerinnerung an Ihre Bilder verdunkelt! – Minna und Dora werden es wol geschehen lassen müssen, wenn sie mich bei meinen Neuern poëtischen Idealen über einem kleinen Diebstal an Ihren Umrissen ertappen sollten.

Ich weiss nicht, ob Sie, meine werthesten, nach meinem vergangenen Betragen mich noch der Fortsezung Ihres Wohlwollens und eines ferneren Briefwechsels würdig halten können; doch bitte ich Sie mit aller Wärme, es zu thun. Nur eine engere Bekanntschaft mit mir und meinem Wesen kann Ihnen vielleicht einige Schatten derjenigen Idee zurükgeben, die Sie einst von mir hegten, und nunmehr unterdrükt haben werden. Ich habe wenig Freuden des Lebens genossen, aber (das ist das stolzeste, was ich über mich aussprechen kann) diese wenigen habe ich meinem Herzen zu danken.

Hier erhalten Sie auch etwas Neues von meiner Feder, die Ankündigung eines Journals. Auffallen mag es Ihnen immer, dass ich diese Rolle in der Welt spielen will, aber vielleicht söhnt die Sache selbst Sie wieder mit Ihrer Vorstellung aus. Überdem zwingt ja das deutsche Publikum seine Schriftsteller, nicht nach dem Zuge des Genius, sondern nach Speculazionen des Handels zu wählen. Ich werde dieser Thalia alle meine Kräfte hingeben, aber das läugne ich nicht, dass sie (wenn meine Verfaßung mich über Kaufmannsrüksichten hinwegsezte) in einer Andern Sphäre würde beschäftigt haben.

Wenn ich nur in einigen Zeilen Ihrer Verzeihung gewiss worden bin, so soll diesem Brief auf das schleunigste ein Zweiter folgen. Frauenzimmer sind sonst unversöhnlicher als wir also muss ich den Pardon von Solchen Händen unterschrieben lesen.

Mit unauslöschlicher Achtung der Ihrige

Schiller.

KORREKTUREN UND ERGÄNZUNG

4 waren] *korrigiert aus* war
28 an] *danach* Ihr *gestrichen*
32 eine] *korrigiert aus* einer
33 ich] *danach* nicht *gestrichen*
53 treffe,] *Komma korrigiert aus Punkt*
58 eines] *korrigiert aus* einer
70 in] *über der Zeile ergänzt*

ERLÄUTERUNGEN

Handschrift (1 Doppelblatt 18,4 x 22,6 cm):
Deutsches Literaturarchiv/Schiller-Nationalmuseum Marbach a. N.

Am 7. Juni 1784 schrieb Schiller an Henriette von Wolzogen: Vor einigen Tagen widerfährt mir die herrlichste Ueberraschung von der Welt. Ich bekomme Paquete aus Leipzig, und finde von 4 ganz fremden Personen Briefe, voll Wärme und Leidenschaft für mich und meine Schriften. Zwei Frauenzimmer, sehr schöne Gesichter, waren darunter. Die eine hatte mir eine kostbare Brieftasche gestikt, die gewiß an Geschmak und Kunst eine der schönsten ist, die man sehen kann. Die andere hatte sich und die 3 andern Personen gezeichnet, und alle Zeichner in Mannheim wundern sich über die Kunst. Ein Dritter hatte ein Lied aus meinen Räubern in Musik gesezt, um etwas zu thun, das mir angenehm wäre. *(NA 23, 146f.)*
Die Absender der Briefe waren der Schriftsteller Ludwig Ferdinand Huber (1764–1804), der Dresdner Oberkonsistorialrat Christian Gottfried Körner (1756–1831), die mit Huber verlobte Malerin Johanna Dorothea (Dora) Stock (1760–1832) sowie deren Schwester Anna Maria (Minna) Stock (1762–1843), die mit Körner verlobt war. Von den Briefen hat sich nur der von Körner erhalten. Darin heißt es: Zu einer Zeit da die Kunst sich immer mehr zur feilen Sklavinn reicher und mächtiger Wollüstlinge herabwürdigt, thut es wohl, wenn ein großer Mann auftritt und zeigt, was der Mensch auch jetzt noch vermag. [...] Dieß ist die Veranlassung daß ich mich mit drey Personen, die insgesamt werth sind Ihre Werke zu lesen, vereinigte Ihnen zu danken und zu huldigen. *(NA 33 I, 31) Hubers Brief hat vermutlich eine Einladung enthalten, Schiller möge seine Verehrer in Sachsen besuchen.*

4 Zeichen Ihrer Güte] *Minna Stock hatte eine gestickte Brieftasche, Dora Stock Porträts der vier Briefschreiber, Körner eine Komposition von Amalias Lied in den »Räubern« (III, 1; vgl. NA 3, 73f.) geschickt.*
15-16 einer der traurigsten Stimmungen meines Herzens] *Tatsächlich litt Schiller in Mannheim unter drückenden Schulden, der ungewissen Zukunft und auch unter dem Verhältnis zu der seit Oktober 1783 verheirateten Charlotte von Kalb (1761–1843), mit der er zuerst im Mai 1784 zusammengekommen und wenig später eine freundschaftliche Verbindung eingegangen war.*

50 nach Berlin gehen wollte] *Von einer geplanten Berlin-Reise ist auch in Schillers Brief an Henriette von Wolzogen vom 27. März 1783 die Rede (vgl. NA 23, 73). Aus dem Plan wurde nichts. – Im Mai 1804 hielt sich Schiller, zusammen mit seiner Frau und seinen beiden Söhnen, 16 Tage in der preußischen Hauptstadt auf.*

52 Jubilate Meße] *Die dreiwöchige Frühjahrsmesse, die 1785 am 17. April, drei Wochen nach Ostern (am Sonntag Jubilate), begann. – Schiller verließ Mannheim am 9. April 1785 und kam am 17. April in Leipzig an, wo er von Huber begrüßt wurde. Die erste Begegnung mit Körner fand vermutlich erst am 1. Juli statt.*

58 ferneren Briefwechsels] *Dora Stock und Huber beantworteten Schillers Brief am 7. Januar, Körner schrieb am 11. Januar 1785 (vgl. NA 33 I, 49–53).*

64-65 Ankündigung eines Journals] *Die – im von Schiller verbreiteten Einzeldruck vier Seiten umfassende – Ankündigung seiner Zeitschrift »Rheinische Thalia« (später »Thalia«, dann »Neue Thalia«), deren erstes Heft im März 1785 erschien. Vgl. den Text der Ankündigung in NA 22, 93–98.*

73 ein Zweiter] *Schillers nächster Brief an Körner stammt vom 10. und 22. Februar 1785, an Huber schrieb er am 28. Februar (vgl. NA 23, 174–182).*

73-74 Frauenzimmer sind sonst unversöhnlicher] *Dagegen protestierte Dora Stock in ihrem Antwortbrief:* Sagen Sie, wie kommen Sie dazu daß Sie Ihren so herrlichen Brief mit einer so häßlichen Anmerkung schlossen? – Wir Frauenzimmer sollten unversöhnlicher seyn als die Mannspersonen; ich bin begierig drauf, wie Sie mir das beweisen wollten; ich bitte Sie sogar es zu thun, und ich freue mich im Voraus Sie widerlegen zu können. Bey einer Beschuldigung die das ganze weibliche Geschlecht betraf, konnte ich unmöglich mit gutem Gewissen stilleschweigen. *(NA 33 I, 52)*

5 AN CHARLOTTE VON LENGEFELD

[Weimar, etwa 16.–20. März 1788. Sonntag-Donnerstag]

Sie können Sich nicht herzlicher nach Ihren Bäumen und schönen Bergen sehnen, mein g. Fräulein, als ich – und vollends nach denen in Rudelstadt, wohin ich mich jezt in meinen glücklichsten Augenblicken im Traum versetze. Man kann den Menschen recht gut seyn und doch wenig von ihnen empfangen; dieses glaube ich ist auch Ihr Fall, jenes beweist ein wohlwollendes Herz, aber das leztere einen Karakter. Edle Menschen sind schon dem Glücke sehr nahe, wenn nur ihre Seele ein freyes Spiel hat; dieses wird oft von der Gesellschaft (ja oft von guter Gesellschaft) eingeschränkt, aber die Einsamkeit gibt es uns wieder und eine schöne Natur wirkt auf uns wie eine schöne Melodie. Ich habe nie glauben können, dass Sie in der Hof= und — — Luft sich gefallen; ich hätte eine ganz andre Meinung von Ihnen haben müssen, wenn ich das geglaubt hätte. Verzeyhen Sie mir, so eigenliebig bin ich, dass ich Personen, die mir theuer sind, gerne meine eigene Denkungsart unterschiebe.

Heute würde ich mir die Erlaubniß von Ihnen ausbitten, Sie besuchen zu dürfen, aber ich bin schon von gestern her engagiert, eine Parthie Schach an Frau von Koppenfels zu verlieren. Wie sehr wünschte ich nun, dass Sie eine Besuch=Schuld an sie abzutragen hätten, und dass Ihr Gewißen sie antriebe, es heute zu thun. Die Tage haben für mich einen schönen Schein, wo ich hoffen kann, Sie zu sehen und schon die Aussicht darauf hilft mir einen traurigen ertragen. Von Wolzogen habe ich gestern einen Brief erhalten, der jezt in dem traurigen Stuttgardt die angenehmen Stunden in der Erinnerung wiederhohlt, die er – und vorzüglich in Rudelstadt – genoßen hat. An Fr. v. Kalb habe ich von Ihnen eine Empfehlung bestellt. In das Stammbuch will ich morgen schreiben. Leben Sie recht wohl.

Schiller.

KORREKTUREN

1 herzlicher] *korrigiert aus* herzlich*; davor* so *gestrichen*
4 empfangen;] *Semikolon korrigiert aus Punkt*
11 müssen,] *Komma korrigiert aus Punkt*
14 engagiert,] *Komma korrigiert aus Punkt*
17 wo] *korrigiert aus* wenn

ERLÄUTERUNGEN

Handschrift (1 Blatt 18,8 x 11,3 cm):
Goethe- und Schiller-Archiv Weimar

Das ungefähre Datum des Briefes ergibt sich aus dem Inhalt: Die Empfehlung an Charlotte von Kalb, die am 13. März von Weimar nach Waltershausen gegangen war, hat Schiller vermutlich in einem nicht überlieferten Brief einige Tage nach ihrer Abreise bestellt. Und unmittelbar vor der im Brief noch nicht erwähnten nächsten Begegnung mit Charlotte von Lengefeld, die sich seit Anfang Februar in Weimar aufhielt, wird der vorliegende Brief auch nicht geschrieben worden sein. Diese Begegnung fand am Ostersonntag (23. März) statt, wie sich aus einem kurz danach geschriebenen Brief Schillers ergibt, in dem es heißt: Neulich habe ich meine Ostereyer mitzunehmen vergeßen; gleich zu Hause fiel mirs ein und ich schenke sie Ihnen nicht. *(NA 25, 32)*

Am 6. Dezember 1787 war Schiller in Rudolstadt zum ersten Mal Charlotte von Lengefeld (1766–1826) und ihrer Schwester Caroline von Beulwitz (1763–1847) begegnet. In einem zwei Tage später geschriebenen Brief an Körner heißt es: In Rudelstadt hab ich mich auch einen Tag aufgehalten und wieder eine recht liebenswürdige Familie kennen lernen. Eine Frau von Lengenfeld lebt da mit einer verheuratheten und einer noch ledigen Tochter. Beide Geschöpfe sind, ohne schön zu seyn, anziehend und gefallen mir sehr. *(NA 24, 181f.) Die Verbindung zu beiden Schwestern wurde in den nächsten beiden Jahren sehr eng. Anfang August 1789 entschloß sich Schiller zur Verlobung mit der noch ledigen Charlotte, am 22. Februar 1790 fand die Hochzeit statt.*

9-10 Hof= und —— Luft] *Die beiden Gedankenstriche stehen wahrscheinlich nicht für ein neutrales Wort (wie »Adel« oder »Welt«), sondern für ein negativ konnotiertes aus dem Wortfeld von Kabale und Intrige. Vielleicht ist sogar »Pest« das rücksichtsvoll unterdrückte Wort.*
14-15 Frau von Koppenfels] *Ernestine Henriette von Koppenfels, geb. von Kutzschenbach (1759–1835), die Frau des weimarischen Legationsrats Johann Gottlieb von Koppenfels (1741–1795).*
18 Wolzogen] *Wilhelm von Wolzogen, der 1794 Caroline von Beulwitz nach deren Scheidung heiratete, war Hofarchitekt in württembergischen Diensten; er hatte einige Wochen in Thüringen verbracht, bevor er im Februar wieder nach Stuttgart zurückgekehrt war. Sein Brief an Schiller ist nicht überliefert.*
20 vorzüglich in Rudelstadt] *Wolzogen hatte sich im Dezember 1787 etwa zwei Wochen in Rudolstadt aufgehalten.*
21-22 In das Stammbuch] *Erst am 3. April 1788 trug Schiller ein 29 Verse umfassendes Gedicht in Charlotte von Lengefelds Stammbuch ein. Vgl. NA 1, 189. Auf der Rückseite des Blattes hatte sich am 11. März bereits Charlotte von Kalb mit acht Versen eingetragen. Vgl. NA 2 II A, 161.*

6 AN CAROLINE VON BEULWITZ

Weimar d. 25. Febr. 89. [Mittwoch]

an Karoline.

Lassen Sie sich das nicht anfechten, dass Sie mit der Moritzischen Schrift nicht sogleich haben zu recht kommen können. Es ist mehrern Leuten so ergangen, und eigentlich allen, weil es ein wenig viel von dem Leser gefodert ist, in ein paar Stunden aus einem Buche herauszufinden, was der Verfaßer in 3 Jahren hineingelegt hat. Knebel, der fleißig genug mit Moritz umgegangen ist, versteht noch nicht was er meynt; ich, der auch noch nicht bekannt genug mit dem Buche ist, habe ihm neulich noch Aufschlüße geben müssen, die mir aus einem Gespräch mit Moritz noch erinnerlich waren.

Ich habe die Bogen nun Körnern geschickt, und will hören, was der sagt. Kunstkritik ist eigentlich das rechte Fach für meinen Freund Körner. Ich denke, das Buch soll ihm Vergnügen machen.

Was Sie von Göthen schreiben mag allerdings wahr seyn – aber was folgt daraus? Wenn ich auf einer wüsten Insel oder auf dem Schiff mit ihm allein wäre, so würde ich allerdings weder Zeit noch Mühe scheuen diesen verworrenen Knäuel seines Karakters aufzulösen. Aber da ich nicht an dieses einzige Wesen gebunden bin, da jeder in der Welt, wie Hamlet sagt, seine Geschäfte hat, so habe ich auch die meinigen; und man hat wahrlich zu wenig baares Leben, um Zeit und Mühe daran zu wenden, Menschen zu entziffern, die schwer zu entziffern sind. Ist er ein so ganz liebenswürdiges Wesen, so werde ich das einmal in jener Welt erfahren wo wir alle Engel sind.

Im Ernst, ich habe zuviel Trägheit und zuviel Stolz, einem Menschen abzuwarten, biss er sich mir entwickelt hat. Es ist eine Sprache, die alle Menschen verstehen, diese ist, gebrauche deine Kräfte. Wenn jeder mit seiner ganzen Kraft wirkt, so kann er dem andern nicht verborgen bleiben. Dieß ist mein Plan. Wenn einmal meine Lage so ist, dass ich alle meine Kräfte wirken laßen kann, so wird er und andre mich kennen, wie ich seinen Geist jetzt kenne. Aber dieses laßen Sie mich Ihnen einmal für allemal sagen. Erwarten Sie nicht zuviel herzliches und ergiessendes von Menschen, die von allem was sich ihnen nähert in Bewunderung und Anbetung gewiegt werden. Es ist nichts zerbrechlicher im Menschen als seine Bescheidenheit und sein Wohlwollen; wenn soviele Hände an dieses zerbrechliche zarte Ding tappen, was wunder wenn es zu schanden geht? Wenn mich je das Unglück oder Glück träfe, sehr berühmt zu werden (und das ist in sofern möglich, als man es jezt wohl werden kann und wird, ohne es zu verdienen) wenn mir dieses je passirt, so seyen Sie mit Ihrer Freundschaft gegen mich vorsichtiger. Lesen Sie alsdann meine Schriften, und lassen den Menschen übrigens laufen.

Es ist eben so mit Herdern, und wenn Wieland nicht eine so reichliche Fülle von Schwachheiten hätte, die einen zum Lächeln bringen und über seine Vorzüge trösten, so würde auch mit ihm nicht auszukommen seyn.

Haben Sie noch keine Schrift von Mirabeau zu Gesichte bekommen, die eine Histoire Sécrete vom preussischen Hofe enthält. Sie ist in Paris erst vor kurzen erschienen, und soll die allerungeheuersten Dinge von dem jetzigen König, dem Prinzen Heinrich und mitunter auch von dem Herzog von Weimar enthalten – und was das schlimmste ist, diese scandalosen Dinge sollen wahr seyn. Wenigstens das, was den Herzog von Weimar angeht, hat Göthe bejaht und die Herzoginn nicht verneint. Unter andern soll der König Willens gewesen seyn, sich die Voss zur linken Hand trauen zu lassen, und sich um die Einwilligung der Königin darein beworben haben. Wenn Sie das Buch allenfalls bekommen so schicken Sie mirs auf 8 Tage. adieu. Empfehlen Sie mich der Chere Mere und Beulwitz recht schön und denken Sie meiner!

Schiller.

KORREKTUREN UND ERGÄNZUNGEN

5 von dem Leser] *über der Zeile ergänzt*
7 meynt;] *Semikolon korrigiert aus Punkt*
17 seines] s *korrigiert aus* a
26 Wenn] *danach* all *gestrichen*
28 laßen] *über gestrichen* glauben
28 mich] *korrigiert aus* mir
29 herzliches] *korrigiert aus* zu herzliche
33 je] *in der Zeile ergänzt*
38 reichliche] *danach* Anz *gestrichen*
44 enthalten –] *Gedankenstrich korrigiert aus Punkt*
49 bekommen] b *korrigiert aus* e

ERLÄUTERUNGEN

Handschrift (1 Doppelblatt 11,7 x 19,2 cm):
Goethe- und Schiller-Archiv Weimar. Auf der 1. Seite von Caroline von Wolzogen an Karoline *gestrichen, auf der 3. und 4. Seite Textstreichungen mit Bleistift für die erste Veröffentlichung des Briefes (1856) durch Emilie von Gleichen-Rußwurm, Schillers Tochter.*

Mit Caroline von Beulwitz, geb. von Lengefeld (1764–1847), war Schiller bis zu seinem Tod eng verbunden (vgl. die Erläuterungen zum Brief Nr 5). Auch nach der Entscheidung, die Ehe mit Charlotte von Lengefeld einzugehen, dachte er gelegentlich an die Möglichkeit einer Ménage à trois.

3 Moritzischen Schrift] *Karl Philipp Moritz: Ueber die bildende Nachahmung des Schönen. Braunschweig 1788.*

6-7 Knebel] *Karl Ludwig von Knebel (1744–1834), aus dem weimarischen Hofdienst ausgeschiedener Schriftsteller in Jena und Weimar, Goethes ›Urfreund‹, war, als sich Karl Philipp Moritz (1756–1793), Goethes Freund aus italienischen Tagen, von Anfang Dezember 1788 bis Anfang Februar 1789 in Weimar aufgehalten hatte, mehrmals mit diesem – vornehmlich in Goethes Haus – zusammengetroffen.*

8 neulich noch] *Knebel hatte Schiller am 10. Februar besucht, einen Gegenbesuch erwähnte Schiller im Brief an Charlotte von Lengefeld vom 25. Februar:* Ich war kürzlich bey ihm [Knebel], und habe mich ganz warm mit ihm über metaphysick gestritten. *(NA 25, 207)*

11 Körnern geschickt] *Der Begleitbrief zu der Sendung ist nicht überliefert. – Über seine ersten Lektüreeindrücke berichtete Körner kurz im Brief an Schiller vom 4. März (vgl. NA 33 I, 314).*

14 Was Sie von Göthen schreiben] *Caroline von Beulwitz' Brief an Schiller ist nicht überliefert. – Bis zu der für die Freundschaft zwischen Schiller und Goethe entscheidenden Begegnung am 20. Juli 1794 hat Schiller vergeblich gehofft, daß sich ihm der Ältere nähern werde. Aus Verdruß über dessen distanzierte Haltung hatte sich Schiller gelegentlich zu drastischen Urteilen hinreißen lassen. So heißt es zum Beispiel in einem Brief an Körner vom 2. Februar:* Oefters um Goethe zu sein, würde mich unglücklich machen: er hat auch gegen seine nächsten Freunde kein Moment der Ergießung, er ist an nichts zu fassen; ich glaube in der That, er ist ein Egoist in ungewöhnlichem Grade. [...] Ein solches Wesen sollten die Menschen nicht um sich herum aufkommen lassen. [...] Ich betrachte ihn wie eine stolze Prude, der man ein Kind machen muß, um sie vor der Welt zu demüthigen [...]. *(NA 25, 193)*

18 wie Hamlet sagt] *Vgl. Shakespeare: »Hamlet« I, 5: »For every man has business and desire«. (»Denn jeder treibt Geschäfte und hat Wünsche«.)*

41 Schrift von Mirabeau] *Histoire secrète de la Cour de Berlin, ou Correspondance d'un voyageur françois [...]. 2 Bde. Paris 1789. – Der französische Politiker und Publizist Honoré Gabriel Victor Riquetti, Comte de Mirabeau (1749–1791), hatte sich 1786/87 in geheimer Mission am preußischen Hof aufgehalten.*

43 dem jetzigen König] *Friedrich Wilhelm II. (1744–1797), Neffe Friedrichs II., dem er nach dessen Tod (am 17. August 1786) als König von Preußen gefolgt war.*

44 Prinzen Heinrich] *Heinrich Friedrich Ludwig (1726–1802), der Bruder Friedrichs II.*

44-48 Herzog von Weimar *bis* Einwilligung der Königin] *Carl August (1757–1828) war in Mirabeaus Kritik geraten, weil er sich – wie gerüchteweise verlautete – die Gunst des preußischen Königs dadurch erworben habe, daß er dessen Wunsch, sich mit der Hofdame Julie von Voß (1766–1789) ›zur linken Hand‹ zu vermählen, nachdrücklich unterstützt habe. Königin Friederike, geb. Prinzessin von Hessen-Darmstadt (1751–1805), die Gemahlin Friedrich Wilhelms II., war eine Schwester der Weimarer Herzogin Louise (1757–1830).*

50 Chere Mere] *So wurde Louise von Lengefeld (1743–1823) im Familien- und Freundeskreis genannt.*

50 Beulwitz] *Friedrich Wilhelm Ludwig von Beulwitz (1755–1829), Legationsrat in Rudolstadt, von 1784 bis 1794 mit Caroline verheiratet.*

7 AN CHRISTIAN GOTTFRIED KÖRNER

Rudolstadt d 24. May 91. [Dienstag]

Endlich bin ich so ziemlich wieder hergestellt. Meine Frau wird Dir von der Beschaffenheit meines letzten Anfalls nicht viel haben schreiben können, da die Post preßierte. Es war ein heftiges Asthma, wahrscheinlich von Krämpfen im Zwerchfell erzeugt, auf das sich eine Schärfe geworfen hatte. Unter den wiederhohlten und periodisch zurückkehrenden Anfällen waren zwey, einer am Sontag vor 18 Tagen der andre am Dienstag, fürchterlich. Der Athem wurde so schwer, daß ich über der Anstrengung, Luft zu bekommen, bei jedem Athemzug ein Gefäß in der Lunge zu zersprengen glaubte. Bei dem erstern stellte sich ein starker Fieberfrost ein, so daß die Extremitäten ganz kalt wurden, und der Puls verschwand. Nur durch immer continuirtes Anstreichen konnte ich mich vor der Ohnmacht schützen. Im heißen Waßer wurden mir die Hände kalt, und nur die stärksten Frictionen brachten wieder Leben in die Glieder. Man hat alles angewendet, was nur die Medicin in solchen Fällen wirksames hat, besonders aber zeigte sich das Opium, das ich in starken Dosen nahm, Kampfer mit Moschus, Clystiere und Blasenpflaster wirksam. Eine Aderläße am Fuß machte die dringende Gefahr der Erstickung nothwendig. Am Dienstag wurde Starke in der Nacht von Jena abgehohlt, er traf mich aber schon beßer, und in einem wohlthätigen Schlaf. Starkens Urtheil von dieser Krankheit ist, daß Krämpfe im Unterleib und Zwerchfell zum Grunde liegen, die Lunge selbst aber nicht leide; und es ist wahr, daß dieser fürchterliche Zufall selbst der stärkste Beweis davon ist, weil ein örtlicher Fehler in der Lunge sich bei der convulsivischen Anstrengung der Respirationswerkzeuge nothwendig hätte offenbaren müssen, welches nicht geschah. Ich warf während dieser ganzen Zeit niemals Blut aus, und nach überstandenem Paroxysmus, der zuweilen 5 Stunden währte, konnte ich ganz frey respiriren. Dieß bewies mir hinlänglich, daß kein Geschwür in der Lunge vorhanden oder gar geborsten sey, wie ich anfänglich gewiß glaubte. Aber es ist sonderbar, daß der spannende Schmerz auf der rechten Seite der Brust sich unverändert erhalten hat, und daß ich ihn noch eben so fühle, wie vor diesen Anfällen. Was daraus werden soll, weiß ich nicht, doch habe ich jetzt weniger Furcht als vor 4 Wochen. Ueberhaupt hat dieser schreckhafte Anfall mir innerlich sehr gut gethan. Ich habe dabey mehr als einmal dem Tod ins Gesicht gesehen, und mein Muth ist dadurch gestärkt worden. Den Dienstag besonders glaubte ich nicht zu überleben, jeden Augenblick, fürchtete ich, der schrecklichen Mühe des Athemhohlens zu unterliegen, die Stimme hatte mich schon verlaßen, und zitternd konnte ich bloß schreiben, was ich gern noch sagen wollte. Darunter waren auch einige Worte an Dich, die ich jetzt als ein Denkmal dieses traurigen Augenblicks aufbewahre. Mein Geist war heiter, und alles Leiden was ich in diesem Momente fühlte, verursachte der Anblick der Gedanke an meine gute Lotte, die den Schlag nicht würde überstanden haben.

Daß ich mich unendlich gefreut hätte, Dich in diesen Tagen zu sehen, brauche ich Dir nicht zu sagen. Ich fürchte, wir sehen uns dieses Jahr noch nicht. Könnte ich irgend die Unkosten der Reise bestreiten, so bin ich dem Verlangen meiner Aeltern, die vielleicht eine spätere Zusammenkunft nicht erleben, schuldig, die Reise nach Schwaben zu machen, aber die Ausgaben sowohl der Reise zu Dir als zu ihnen sind mir für diesen Sommer und Herbst zuviel, da mich mein Krankseyn, ohne die Versäumniß von fast 5 Monaten, gegen 30 Ldors kostet. Indeßen soll geschehen was möglich ist. Lebe wohl und grüße Minna recht herzlich. Meine Frau und Schwägerinn grüßen euch aufs beste

Dein S.

KORREKTUREN

4 Krämpfen] Kr *korrigiert aus* ein
4 erzeugt,] *Komma korrigiert aus Punkt*
12 kalt,] *Komma korrigiert aus Punkt*
22 müssen,] *Komma korrigiert aus Punkt*
28 nicht,] *Komma korrigiert aus Punkt*
40 ich] *danach* es *gestrichen*

ERLÄUTERUNGEN

Handschrift (1 Blatt 19 x 23,5 cm):
Deutsches Literaturarchiv/Schiller-Nationalmuseum Marbach a. N.

Am 3. Januar 1791 war Schiller nach einer Sitzung der »Akademie der nützlichen Wissenschaften« in Erfurt von einem heftigen Fieber überfallen worden, als dessen Ursache sich eine lebensbedrohliche Lungenentzündung herausstellte. Wochenlang kämpfte er gegen die Krankheit, und als sie überwunden schien, kehrte sie Anfang Mai zurück. Die Entzündung heilte nie mehr völlig aus, sie griff die unteren Organe an und bewirkte eine bleibende Vereiterung des Rippenfells. – Über die im Mai ausgestandenen Leiden berichtete der Dichter brieflich zuerst am 21. Mai seinem Leipziger Verleger Georg Joachim Göschen (1752–1828); vgl. NA 26, 84–86.

1 Rudolstadt] *Schiller war Anfang April zusammen mit seiner Frau nach Rudolstadt gereist, um sich im Hause seiner Schwiegermutter von der Krankheit zu erholen.*
2-3 Meine Frau *bis* schreiben können] *Charlotte Schillers Brief an Körner ist nicht überliefert.*
5 Schärfe] *Im 18. Jahrhundert gebräuchlicher medizinischer Begriff: krankhafte Blutbeschaffenheit.*
11 Anstreichen] *In der Bedeutung von »reiben«, »abreiben«, »massieren«.*

12 Frictionen] *Franz. »friction«: Reibung.*

14 Kampfer] *Ein aus dem Kampferbaum (lat. »camphora«) gewonnenes Arzneimittel zur Belebung des Kreislaufs.*

15 Moschus] *Ein ebenfalls zur Unterstützung des Kreislaufs verwendetes Mittel, das aus den Hautdrüsen des Moschustieres gewonnen wurde.*

15 Blasenpflaster] *Auch »Spanischfliegenpflaster« genannt; zur Hautreizung verwandt, um eine Eiterung hervorzurufen und zu unterhalten, damit unreine Körperstoffe an der entzündeten Stelle austreten können.*

16 Starke] *Johann Christian Stark (1753–1811), Professor der Medizin in Jena, Schillers Hausarzt.*

20 Zufall] *Das Zugefallene; im Sprachgebrauch der Zeit meist als Synonym für »Unfall« gebraucht.*

21 convulsivischen] *Franz »convulsion«: Krampf, Zuckung.*

23 Paroxysmus] *Griech. »παροξυσμός«: Reizung, Verschärfung; hier: heftiger Fieberanfall.*

35 einige Worte an Dich] *Nicht überliefert.*

40 dieses Jahr noch nicht] *Schiller und seine Frau reisten im April 1792 nach Dresden, wo sie für etwa vier Wochen bei Körner zu Gast waren.*

42-43 Reise nach Schwaben] *Die Reise nach Schwaben trat Schiller erst Anfang August 1793 an.*

45 30 Ldors] *Ein Louisd'or entsprach fünf Reichstalern; ein Reichstaler hatte den Wert von etwa 22–24 Euro. Die Krankheitskosten betrugen nach Schillers Angabe etwa soviel wie die Lebenshaltungskosten für anderthalb Monate.*

46-47 Schwägerinn] *Caroline von Beulwitz.*

8 AN CHRISTIAN GOTTFRIED KÖRNER

Jena d 5 May 93. [Sonntag]

Ich habe Dich lange auf Nachrichten von mir warten laßen und auch heute erhältst Du nur einige Zeilen. Mein Uebel hat mir in diesem unfreundlichen April sehr hart zugesetzt, und alle Lust am Denken und am Schreiben verdorben. Gerne hätte ich unsern ästhetischen Briefwechsel wieder fortgesetzt, aber einige dringendere Arbeiten müssen noch vorher expedirt seyn. Darunter gehört vorzüglich die Revision meiner Gedichte, von denen ich vorjetzt einige zum Abdruck bereit halten muß. Ich fürchte die Correctur wird sehr streng und zeitverderbend für mich seyn; denn schon die Götter Griechenlandes welches Gedicht beinahe die meiste Correction hat, kosten mir unsägliche Arbeit, da ich kaum mit 15 Strophen darinn zufrieden bin. Noch weit mehr Arbeit werden mir die Künstler machen, und an die neuen in petto will ich noch gar nicht denken. Meine Sammlung wird, 3 neue Gedichte mit eingerechnet nicht über 20 Stücke enthalten. Suche sie doch aus. Ich möchte gerne wißen, ob wir in der Wahl übereinstimmen.

Ich laße sie hier drucken, weil mir alles daran ligt, die Correctur selbst zu haben. Die Schwärze abgerechnet, für die vielleicht sich noch Rath schaffen läßt wird die Schrift und die Behandlung der Didotschen nicht viel nachgeben. Ich kann es nicht gut leiden, daß Verse, auch wenn sie noch so lang sind, gebrochen werden, und um dieß zu verhüten laße ich das größte Octav auf Schweitzerpapier nehmen. Mehr als sechszehn Zeilen kommen nicht auf eine Seite zu stehen. Schon dieses macht die Edition splendider. Es ist mir alles unumschränkt überlassen, und da das ganze ohnehin nicht über 9 oder 10 Bogen beträgt, so bleibt das Buch immer wohlfeil, auch wenn das Papier noch so hoch zu stehen kommt.

Ueber meine Schönheitstheorie habe ich unterdeßen wichtige Aufschlüße erhalten, und ein bejahendes objectives Merkmal der Freiheit in der Erscheinung ist nun gefunden. Ich habe zugleich meinen Kreis erweitert, und meine Ideen auch an der Musick geprüft, soweit ich mit Sulzern und Kirchbergern kommen konnte. Darüber erwarte ich von Dir noch mehr Licht; aber das wenige was mir jetzt aufgegangen ist, gibt meiner Theorie eine herrliche Bestätigung. Solltest Du ein Buch über Musik für mich wißen, so melde mirs doch.

Ich muß schließen; wen die Herzogin noch bei euch ist, so empfiehl mich ihrem Andenken. Sie war vor einigen Jahren so höflich mich grüßen zu laßen. Herzliche Grüße an M. und D.

Dein

K.

KORREKTUR

8 seyn;] *Semikolon korrigiert aus Punkt*

ERLÄUTERUNGEN

Handschrift (1 Doppelblatt 11,3 [-11,7] x 18,6 cm):
Deutsches Literaturarchiv/Schiller-Nationalmuseum Marbach a. N.

2 Ich habe *bis* warten laßen] *Schiller hatte zuletzt am 7. April 1793 an Körner geschrieben (vgl. NA 26, 237f.).*
5 unsern ästhetischen Briefwechsel] *Schiller setzte die sogenannten »Kallias«-Briefe über das Wesen des Schönen, die er seinem Freund von Ende Januar bis Anfang März 1793 geschrieben hatte (vgl. NA 26), nicht fort.*
6-7 Revision meiner Gedichte] *Schillers Plan, eine Auswahl seiner Gedichte zu veröffentlichen, wurde einstweilen nicht verwirklicht. Erst 1800 und 1803 erschienen bei dem Leipziger Verleger Siegfried Lebrecht Crusius (1738–1824) die gesammelten Gedichte in zwei Bänden.*
9 die Götter Griechenlandes] *Das Gedicht war im März 1788 in Wielands »Der Teutsche Merkur« zuerst erschienen. Die zweite, erheblich veränderte, von ursprünglich 25 auf 16 Strophen gekürzte Fassung erschien in der Gedichtsammlung von 1800. Vgl. NA 1, 190–195 und NA 2 I, 363–367.*
11 die Künstler] *Die Revision des – im März 1789 in »Der Teutsche Merkur« erschienenen – Gedichts gelang Schiller nicht. Aus der Sammlung von 1800 schloß er das Gedicht aus, für die Aufnahme in den zweiten Gedichtband (1803) nahm er nur wenige unwesentliche Änderungen vor.*
11 die neuen in petto] *Schiller war bis Mitte 1795 fast ausschließlich mit philosophischen Arbeiten beschäftigt. Danach erst setzte er die 1789 unterbrochene lyrische Produktion fort.*
13 Suche sie doch aus.] *In seiner Antwort vom 11. Mai nannte Körner 17 Gedichte (vgl. NA 34 I, 258); im Brief vom 27. Mai fügte Schiller drei weitere hinzu (vgl. NA 26, 243).*
17 Didotschen] *Eine Antiqua des französischen Schriftschneiders Firmin Didot (1764–1836), die sich ihrer Zierlichkeit und Klarheit wegen in ganz Europa großer Beliebtheit erfreute.*
19 Octav] *Papierformat, das sich durch die dreimalige Faltung eines Bogens ergibt. Ein Bogen im Oktavformat umfaßt 16 Seiten mit einer maximalen Höhe von etwa 25 cm und einer maximalen Breite von etwa 17 cm.*
27 Sulzern] *Des Ästhetikers und Mathematikers Johann Georg Sulzer (1720–1779) Werk »Allgemeine Theorie der schönen Künste« (2 Bde, Leipzig 1771–1774; 3. Aufl. in 4 Bdn, Leipzig 1792–1794) war ein alphabetisch geordnetes Begriffslexikon, ein Standardwerk der Zeit, das auch Schiller nicht selten zu Rate zog.*
27 Kirchbergern] *Möglicherweise meinte Schiller hier des Musiktheoretikers Johann Philipp Kirnberger (1721–1783) Hauptwerk »Die Kunst des reinen Satzes in der Musik« (2 Tle, Berlin 1771–1779). Spuren eines Kirnberger-Studiums sind bisher in Schillers Werk noch nicht entdeckt worden.*
29-30 Buch über Musik] *In seiner Antwort vom 11. Mai 1793 nannte Körner Jean-Jacques Rousseaus »Dictionnaire de Musique« (Paris 1768) und das Hauptwerk des englischen Komponisten*

und Musikhistorikers Charles Burney (1726–1814) »A general history of music [...]« (4 Bde, London 1776–1789). Ob Schiller sich mit einem der Werke beschäftigte, ist nicht bekannt.

31 die Herzogin] *Dorothea Anna Charlotte Herzogin von Kurland, geb. Reichsgräfin Medem (1761–1821); sie war mit Körners Schwägerin Dora Stock befreundet und hielt sich auf der Reise nach Karlsbad für einige Tage in Dresden auf.*

32 vor einigen Jahren] *Vgl. Körners Brief an Schiller vom 13. August 1790 (NA 34 I, 26).*

33 M. und D.] *Körners Frau Minna und deren Schwester Dora Stock.*

35 K.] *Schreibversehen; denn Schiller hat den Brief gewiß nicht mit der Initiale des Briefempfängers unterzeichnen wollen.*

9 AN JOHANN WOLFGANG VON GOETHE

Jena den 23. Aug. 94. [Samstag]

Man brachte mir gestern die angenehme Nachricht, daß Sie von Ihrer Reise wieder zurückgekommen seyen. Wir haben also wieder Hofnung, Sie vielleicht bald einmal bey uns zu sehen, welches ich an meinem Theil herzlich wünsche. Die neulichen Unterhaltungen mit Ihnen haben meine ganze IdeenMaße in Bewegung gebracht, denn sie betrafen einen Gegenstand, der mich seit etlichen Jahren lebhaft beschäftigt. Ueber so manches, worüber ich mit mir selbst nicht recht einig werden konnte, hat die Anschauung Ihres Geistes (denn so muß ich den TotalEindruck Ihrer Ideen auf mich nennen) ein unerwartetes Licht in mir angesteckt. Mir fehlte das Objekt, der Körper, zu mehreren speculativischen Ideen, und Sie brachten mich auf die Spur davon. Ihr beobachtender Blick, der so still und rein auf den Dingen ruht, setzt Sie nie in Gefahr, auf den Abweg zu gerathen, in den sowohl die Speculation als die willkührliche und bloß sich selbst gehorchende Einbildungskraft sich so leicht verirrt. In Ihrer richtigen Intuition ligt alles und weit vollständiger, was die Analysis mühsam sucht, und nur weil es als ein Ganzes in Ihnen ligt, ist Ihnen Ihr eigener Reichthum verborgen; denn leider wißen wir nur das, was wir scheiden. Geister Ihrer Art wißen daher selten, wie weit sie gedrungen sind, und wie wenig Ursache sie haben, von der Philosophie zu borgen, die nur von Ihnen lernen kann. Diese kann bloß zergliedern, was ihr gegeben wird, aber das Geben selbst ist nicht die Sache des Analytikers sondern des Genies, welches unter dem dunkeln aber sichern Einfluß reiner Vernunft nach objektiven Gesetzen verbindet.

Lange schon habe ich, obgleich aus ziemlicher Ferne, dem Gang Ihres Geistes zugesehen, und den Weg, den Sie Sich vorgezeichnet haben, mit immer erneuerter Bewunderung bemerkt. Sie suchen das Nothwendige der Natur, aber Sie suchen es auf dem schweresten Wege, vor welchem jede schwächere Kraft sich wohl hüten wird. Sie nehmen die ganze Natur zusammen, um über das Einzelne Licht zu bekommen, in der Allheit ihrer Erscheinungsarten suchen Sie den Erklärungsgrund für das Individuum auf. Von der einfachen Organisation steigen Sie, Schritt vor Schritt, zu den mehr verwickelten hinauf, um endlich die verwickeltste von allen, den Menschen, genetisch aus den Materialien des ganzen Naturgebäudes zu erbauen. Dadurch, daß sie ihn der Natur gleichsam nacherschaffen, suchen Sie in seine verborgene Technik einzudringen. Eine große und wahrhaft heldenmäßige Idee, die zur Genüge zeigt, wie sehr Ihr Geist das reiche Ganze seiner Vorstellungen in einer schönen Einheit zusammenhält. Sie können niemals gehofft haben, daß Ihr Leben zu einem solchen Ziele zureichen werde, aber einen solchen Weg auch nur einzuschlagen, ist mehr werth, als jeden anderen zu endigen – und Sie haben gewählt, wie Achill in der Ilias zwischen Phtia und der Unsterblichkeit. Wären Sie als ein Grieche, ja nur als ein Italiener gebohren worden, und hätte schon von der Wiege an eine auserlesene Natur und eine idealisierende Kunst Sie umgeben, so wäre Ihr Weg unendlich verkürzt, vielleicht ganz überflüßig gemacht worden. Schon in die erste Anschauung der Dinge hätten Sie dann die Form des Nothwendigen aufgenommen, und mit Ihren ersten Erfahrungen hätte sich der große Styl in Ihnen entwickelt. Nun da Sie ein Deutscher gebohren sind, da Ihr griechischer Geist in diese nordische Schöpfung geworfen wurde, so blieb Ihnen keine andere Wahl, als entweder selbst zum nordischen Künstler zu werden, oder Ihrer Imagination das, was ihr die Wirklichkeit vorenthielt, durch Nachhülfe der Denkkraft zu ersetzen, und so gleichsam von innen heraus und auf einem rationalen Wege ein Griechenland zu gebähren. In derjenigen LebensEpoche, wo die Seele sich aus der äußern Welt ihre innere bildet, von mangelhaften Gestalten umringt, hatten Sie schon eine wilde und nordische Natur in sich aufgenommen, als Ihr siegendes, seinem Material überlegenes Genie diesen Mangel von innen entdeckte, und von außen her durch die Bekanntschaft mit der Griechischen Natur davon vergewißert wurde. Jetzt mußten Sie die alte, Ihrer Einbildungskraft schon aufgedrungene schlechtere Natur nach dem beßeren Muster, das Ihr bildender Geist sich erschuf, corrigieren, und das kann freilich nicht anders als nach leitenden Begriffen von Statten gehen. Aber diese logische Richtung, welche der Geist bey der Reflexion zu nehmen genöthiget ist, verträgt sich nicht wohl mit der aesthetischen, durch welche allein er bildet. Sie hatten also eine Arbeit mehr, denn so wie Sie von der Anschauung zur Abstraktion übergiengen, so mußten Sie nun rückwärts Begriffe wieder in Intuitionen umsetzen, und Gedanken in Gefühle verwandeln, weil nur durch diese das Genie hervorbringen kann.

So ungefähr beurtheile ich den Gang Ihres Geistes, und ob ich recht habe, werden Sie Selbst am beßten wißen. Was Sie aber schwerlich wißen können (weil das Genie sich immer selbst das größte Geheimniß ist) ist die schöne Uebereinstimmung Ihres philosophischen Instinktes mit den reinsten Resultaten der speculirenden Vernunft. Beym ersten Anblicke zwar scheint es, als könnte es keine größern Opposita geben, als den speculativen Geist, der von der Einheit, und den intuitiven, der von der Mannichfaltigkeit ausgeht. Sucht aber der erste mit keuschem und treuem Sinn die Erfahrung, und sucht der letzte mit selbstthätiger freier Denkkraft das Gesetz, so kann es gar nicht fehlen, daß nicht beide einander auf halbem Wege begegnen werden. Zwar hat der intuitive Geist nur mit Individuen, und der speculative nur mit Gattungen zu thun. Ist aber der intuitive genialisch und sucht er in dem empirischen den Caracter der Nothwendigkeit auf, so wird er zwar immer Individuen aber mit dem Karakter der Gattung erzeugen; und ist der speculative Geist genialisch, und verliert er, indem er sich darüber erhebt, die Erfahrung nicht, so wird er zwar immer nur Gattungen aber mit der Möglichkeit des Lebens und mit gegründeter Beziehung auf wirkliche Objekte erzeugen.

Aber ich bemerke, daß ich anstatt eines Briefes eine Abhandlung zu schreiben im Begriff bin – verzeyhen Sie es dem lebhaften Interesse, womit dieser Gegenstand mich erfüllt hat; und sollten Sie Ihr Bild in diesem Spiegel nicht erkennen, so bitte ich sehr, fliehen Sie ihn darum nicht.

Die kleine Schrift von Moritz, die H. von Humboldt sich noch auf einige Tage ausbittet, habe ich mit großem Interesse gelesen, und danke derselben einige sehr wichtige Belehrungen. Es ist eine wahre Freude sich von einem instinktartigen Verfahren, welches auch gar leicht irre führen kann, eine deutliche Rechenschaft zu geben, und so Gefühle durch Gesetze zu berichtigen. Wenn man die Moritzische Ideen verfolgt, so sieht man nach und nach in die Anarchie der Sprache eine gar schöne Ordnung kommen, und entdeckt sich bey dieser Gelegenheit gleich der Mangel und die Grenze unserer Sprache sehr, so erfährt man doch auch ihre Stärke, und weiß nun, wie und wozu man sie zu brauchen hat.

Das Produkt von Diderot, besonders der erste Theil, ist sehr unterhaltend, und für einen solchen Gegenstand noch mit einer recht erbaulichen Decenz behandelt. Auch diese Schrift bitte ich noch einige Tage hier behalten zu dürfen.

Es wäre nun doch gut, wenn man das neue Journal bald in Gang bringen könnte, und da es Ihnen vielleicht gefällt, gleich das erste Stück deßelben zu eröfnen, so nehme ich mir die Freiheit, bey Ihnen anzufragen, ob Sie Ihren Roman nicht nach und nach darinn erscheinen laßen wollen? Ob und wiebald Sie ihn aber auch für unser Journal bestimmen, so würden Sie mir durch Mittheilung deßelben eine sehr große Gunst erzeigen. Meine Freunde, so wie meine Frau empfehlen sich Ihrem gütigen Andenken, und ich verharre hochachtungsvoll

Ihr

gehorsamster Dr

FSchiller.

KORREKTUREN

3 zurückgekommen] zu *in der Zeile ergänzt*

12 die] *danach* zur *gestrichen*

44 entweder] *danach* auch *gestrichen*

83 eine] *danach* überaus *gestrichen*

ERLÄUTERUNGEN

Handschrift (2 Doppelblätter 18,7 x 23,8 cm):
Goethe- und Schiller-Archiv Weimar

Mit Goethe wolle er nicht viel zu tun haben, hatte Schiller, enttäuscht über die demonstrative Distanz, die jener ihm gegenüber wahrte, 1789 geschrieben (vgl. die Erläuterungen zum Brief Nr 6), und in den folgenden Jahren unternahm er nichts, in ein näheres Verhältnis zu dem von ihm hoch-

verehrten Dichter zu kommen. Mit einem Brief vom 13. Juni 1794 versuchte er die Annäherung: Goethe möge sich als Mitarbeiter an der von ihm, Schiller, geplanten Zeitschrift »Die Horen« beteiligen. Goethe antwortete am 24. Juni: Ich werde mit Freuden und von ganzem Herzen von der Gesellschaft seyn. *(NA 35, 21)*
Bei einer Unterredung nach dem Besuch einer Sitzung der »Naturforschenden Gesellschaft« in Jena waren sich die beiden Dichter am 20. Juli 1794 näher gekommen; als »Glückliches Ereignis« hat Goethe später diese Begegnung förmlich gefeiert. Von diesem Tag datiert eine intensive, bis zu Schillers Tod andauernde Freundschaft und Arbeitsgemeinschaft der ›Klassiker‹. – Der vorliegende Brief gehört zu den schönsten Charakterisierungen Goethes, mit denen ihn Mit- und Nachwelt gewürdigt haben. Vgl. auch den Brief Nr 18.

2 von Ihrer Reise] *Goethe war am 12. August von einer Reise zurückgekehrt, die er zusammen mit Herzog Carl August unternommen und die ihn nach Wörlitz, Dessau und Dresden geführt hatte.*
4 bey uns zu sehen] *Goethe kam erst Anfang November nach Jena. – In der zweiten Hälfte September war Schiller für 13 Tage Goethes Gast in Weimar.*
4-5 neulichen Unterhaltungen] *Zwei Tage nach der Begegnung am 20. Juli hatten sich Goethe und Schiller noch einmal bei einem Abendessen, zu dem Wilhelm von Humboldt eingeladen hatte, getroffen. Dabei hatten sie, wie Schiller am 1. September 1794 an Körner schrieb,* über Kunst und Kunsttheorie ein langes und breites gesprochen *(NA 27, 34).*
36 Achill in der Ilias] *In Homers »Ilias« (9, 410–413) wird Achill vor die Wahl gestellt, in seine Heimat Phtia zurückzukehren und dort noch lange zu leben, oder vor Troja zu fallen und sich dadurch die Unsterblichkeit zu sichern.*
81 Die kleine Schrift von Moritz] *Karl Philipp Moritz: Versuch einer deutschen Prosodie. Berlin 1786.*
81 H. von Humboldt] *Wilhelm von Humboldt (1767–1835) lebte von Februar 1794 bis Juli 1795 in Jena; Schiller pflegte zu ihm ein enges, überaus produktives Verhältnis.*
90 Das Produkt von Diderot] *Der Roman »Les bijoux indiscrets« (Paris 1748) von Denis Diderot (1713–1784).*
93 das neue Journal] *Schillers Zeitschrift »Die Horen«, deren erstes Stück im Januar 1795 erschien, wird mit Goethes Gedicht »Erste Epistel« (»Jetzt da jeglicher liest [...]«) eröffnet.*
95 Ihren Roman] *Goethe arbeitete an »Wilhelm Meisters Lehrjahre«. Von dem Roman, der 1795/96 bei Unger in Berlin erschien, gab er nichts in die »Horen«.*
101 Dr] *Diener.*

10 AN HERZOG FRIEDRICH CHRISTIAN VON SCHLESWIG-HOLSTEIN-AUGUSTENBURG

[Jena, den 4. März 1795. Mittwoch]

Durchlauchtigster Herzog,
Gnädigster Herr,

Ich habe es vor einigen Wochen gewagt, Ew. Durchlaucht das erste Stück meiner Monathschrift, welches den Anfang meiner aesthetischen Briefe enthält, in Unterthänigkeit zu überreichen. Erlauben Sie mir nunmehr, gnädigster Herr, Ihnen auch die fernere Fortsetzung dieser Schrift, der ich kein höheres Glück wünschen kann, als daß sie Ihres Beyfalls würdig seyn möge, zu Füßen zu legen.

Höhere Angelegenheiten, ich weiß es, als diese litterarischen sind, beschäftigen jetzt Ihre Aufmerksamkeit; aber wenn Ihr Geist, nach wichtigern Geschäften, nach einer Erhohlung umher blickt, so dürfen sich die Musen Ihnen nahen und Sie finden im Genusse der Wahrheit und der Schönheit ein Vergnügen, das nur den Edelsten aufbehalten ist.

Möchte auch ich dem Geist und dem Herzen Eurer Durchlaucht etwas anzubiethen haben, das Ihrer nicht ganz unwürdig ist.

Mit unbegrenzter Devotion und Ehrfurcht ersterbe ich
Eurer Herzoglichen Durchlaucht

Jena
den 4. März. 1795.

unterthänigster
Fr. Schiller

ERLÄUTERUNGEN

Handschrift (1 Doppelblatt 18,5 x 23,3 cm):
Deutsches Literaturarchiv/Schiller-Nationalmusem Marbach a. N.

Am 8. Juni 1791 war in der in Salzburg erscheinenden »Oberdeutschen allgemeinen Litteraturzeitung« gemeldet worden, Schiller sei seiner schweren Krankheit (vgl. dazu den Brief Nr 7) erlegen. Dänische Verehrer des Dichters, unter ihnen der Erbprinz (seit 1794: Herzog) Friedrich Christian von Schleswig-Holstein-Augustenburg (1765–1814), veranstalteten daraufhin eine Totenfeier. Auf die Nachricht, daß Schiller noch lebe, wenn auch weiterhin krank und in bedrückenden finanziellen Verhältnissen, gewährten der Erbprinz und der dänische Finanzminister Ernst Heinrich Graf von

Schimmelmann (1747–1831) dem Dichter eine großzügige Unterstützung: ein Geschenk von 3000 Talern, verteilt auf drei Jahre. (1796 kamen noch einmal 1000 Taler hinzu.) Schiller bedankte sich, indem er dem Erbprinzen 1793 eine Reihe von ästhetischen Briefen schrieb, die er 1794/95 zu seiner Abhandlung »Ueber die ästhetische Erziehung des Menschen« ausarbeitete.

3-4 das erste Stück meiner Monathschrift] *Das im Januar 1795 erschienene erste »Horen«-Stück enthält die ersten neun (der insgesamt 27) Briefe der Abhandlung »Ueber die ästhetische Erziehung des Menschen«.*

6 die fernere Fortsetzung] *Das zweite »Horen«-Stück enthält die Briefe 10–16 der Abhandlung.*

8 Höhere Angelegenheiten] *Friedrich Christian widersetzte sich (mit Erfolg) den Ansprüchen des dänischen Königs Friedrich VI., das Herzogtum Schleswig-Holstein-Augustenburg, das in Gesetzgebung, Gerichtsordnung und Verwaltung noch seine Selbständigkeit bewahrt hatte, vollständig mit Dänemark zu vereinen.*

11 AN JOHANN FRIEDRICH REICHARDT

Jena den 3. Aug. 95. [Montag]

Ihr Brief und was ihn begleitete, mein vortreflicher Freund, hat mich nicht wenig erfreut, und ich benutze, wie Ihnen die Beylage zeigen wird, Ihre gütige Erlaubniß, Ihnen auch von meinem Machwerk etwas zur Composition zu übergeben.

Der Tanz ist zwar in einer Versart abgefaßt, die für den Musiker nicht sehr bequem ist. Da aber das Sujet desto musikalischer und das Stück an sich nicht gross ist, so setzen Sie Sich vielleicht über jene Schwierigkeit hinweg – und dann was könnte für einen Meister Schwierigkeit haben? Mir kömmt vor, als müßte es eine gute Wirkung thun, wenn die Musik zu diesem Stück einen ordentlichen Tanz ausdrückte, nur in einer mehr idealischen Manier gedacht und ausgeführt.

Auch glaube ich brauchte nicht alles gesungen zu werden, besonders könnten die einzelnen Stellen »Jetzt verliert es der suchende Blick« und »Nein, dort schwebt es frohlockend herauf« so wie auch einige ins philosophische gehende Stellen bloß recitativ seyn – doch ich vergeße, dass ich ein erbärmlicher Laye bin und mit einem Meister rede.

Der Frühling ist von einem jungen Frauenzimmer, das wie Sie aus dieser Probe sehen, viel poetisches Talent hat. Mir scheint dieses Stück auch eine musikalische Canonisation zu verdienen. Auch die Minnelieder scheinen mir sehr singbar.

Meine übrigen poetischen Beyträge zu dem Almanach qualifizieren sich nicht wohl zur Composition, weil sie mehr Ausführungen philosophischer Ideen als EmpfindungsGemählde sind. Vielleicht aber findet sich in einigen Wochen noch eins, das für jenen Zweck taugt.

Freylich ist es Schade, daß Göthe von der Idee abgekommen ist, den Cophta als Oper auszuführen, besonders da Sie schon auf dem Weg waren, die Music dazu zu entwerfen. Indessen glaube ich doch, daß das Sujet an sich zu kalt und daher für den Musiker nicht ganz günstig gewesen wäre.

Für die überschickten Stücke Ihres Journals sage ich Ihnen den verbindlichsten Dank. Beynahe hätte es mich anfangs verdroßen, einen Künstler (der noch das einzige freye Wesen auf dieser sublunarischen Welt ist) an dieser schwerfälligen politischen Diligence der neuen Welthistorie ziehen zu sehen; aber der Reichthum von Materialien und die interessante Auswahl derselben, wodurch Ihr Journal sich offenbar auszeichnen, entscheiden Ihren Beruf zu dieser Art von Schriftstellerey. Aber von mir werthester Freund, verlangen Sie ja in diesem Gebiete weder Urtheil noch Rath, denn ich bin herzlich schlecht darinn bewandert, und es ist im buchstäblichsten Sinne wahr, dass ich gar nicht in meinem Jahrhundert lebe; und ob ich gleich mir habe sagen lassen, daß in Frankreich eine Revolution vorgefallen, so ist dieß ohngefehr, das wichtigste, was ich davon weiß.

Den Abdruck Ihrer Compositionen zu den Voßischen Gedichten finden Sie in der Beylage. Ich will hoffen, daß er fehlerlos seyn wird.

Göthen erwarte ich heute Abend aus d Karlsbade zurük.

Leben Sie recht wohl, und behalten Sie in freundschaftlichem Andenken

Ihren ganz ergebenen
FSchiller

N. S. Die Gedichte von Ihrem jungen Freunde sollen mir willkommen seyn.

KORREKTUREN UND ERGÄNZUNGEN

8 kömmt] kämmt, *wahrscheinlich korrigiert aus* kam
13 ins] *über der Zeile ergänzt*
18 Auch *bis* singbar.] *später eingefügt*
19 sich] *in der Zeile ergänzt*
20-21 EmpfindungsGemählde] Empfindungs *korrigiert aus* Empfindungen
24 Music] *korrigiert aus* Idee
35 wahr] *korrigiert aus* war

ERLÄUTERUNGEN

Handschrift (1 Doppelblatt 18,4 x 22,9 cm):
Freies Deutsches Hochstift Frankfurt a. M.

Johann Friedrich Reichardt (1752–1814), seit 1775 königlich preußischer Kapellmeister in Berlin, wegen seiner Sympathie mit der Französischen Revolution 1794 entlassen und seitdem vornehmlich in Giebichenstein (bei Halle) lebend, hatte 1789 bei einem Besuch in Weimar die Bekanntschaft Goethes und Schillers gemacht. Während die Beziehung zu Goethe sich in den folgenden Jahren intensivierte (Reichardt komponierte schon 1789 Goethes Singspiel »Claudine von Villa Bella«, 1791 dann »Erwin und Elmire«), blieb die Begegnung mit Schiller zunächst folgenlos. Vermutlich auf Anregung Goethes wandte sich Schiller am 10. Juli 1795 an Reichardt mit der Bitte, für den von ihm herausgegebenen »Musen-Almanach für das Jahr 1796« einige Gedichte zu vertonen (vgl. NA 28, 9). Reichardt erfüllte die Bitte und lieferte Kompositionen von acht Gedichten, die in Schillers Almanach Aufnahme fanden.

Nachdem Reichardt in den drei ersten Stücken des Jahrgangs 1796 seiner Zeitschrift »Deutschland« Schillers »Horen« – im Schutze der Anonymität – kritisch besprochen hatte, war es mit dem freundlichen Umgang vorbei: Der Revolutionsfreund und Musiker wurde in Goethes und Schillers »Xenien«, erschienen im »Musen-Almanach für das Jahr 1797«, aufs derbste angegriffen, und zwar – von Goethe. Vgl. NA 1, 334–337, NA 2 II A, 350f. und 529–535.

2 Ihr Brief] *Vom 20. Juli (vgl. NA 35, 254f.).*

2 was ihn begleitete] *Reichardts Kompositionen von Goethes Gedichten »Nähe des Geliebten«, »Meeresstille«, »Glückliche Fahrt« und »Kophtisches Lied«.*

3 die Beylage] *Außer den im Brief genannten Gedichten hatte Schiller vermutlich auch sein Gedicht »Die Macht des Gesanges« beigelegt. Vgl. Reichardts Antwortbrief vom 26. August (NA 35, 307f.).*

5 Der Tanz] *Eine Vertonung dieses in Distichen geschriebenen Gedichts (vgl. NA 1, 228) gelang Reichardt nicht.*

16 Der Frühling] *Das Gedicht stammt von Sophie Mereau (1770–1806); es erschien mit Reichardts Vertonung im Musenalmanach.*

18 die Minnelieder] *Das von Johann Christoph Friedrich Haug (1761–1829) stammende »Minnelied. Nach Kristan von Hamle« erschien mit Reichardts Vertonung ebenfalls im Musenalmanach.*

23-24 Cophta als Oper] *Zwei nicht in Goethes – 1789 als Oper geplantes – Lustspiel »Der Großkophta« (1792) aufgenommene »Kophtische Lieder« wurden in Schillers Musenalmanach zuerst gedruckt. Eines von ihnen (»Geh! gehorche meinen Winken [...]«) vertonte Reichardt.*

27 Ihres Journals] *Reichardts prorevolutionäre Zeitschrift »Frankreich im Jahr 1795«, die unter dem Motte »La vérité, rien que la vérité, toute la vérité« hauptsächlich Berichte über die politischen Ereignisse in Franklreich brachte.*

30 Diligence] *Franz.: Postkutsche; Fleiß, Geschäftigkeit.*

35-37 ob ich gleich *bis* davon weiß] *Schiller hatte die Ereignisse der Französischen Revolution mit Aufmerksamkeit verfolgt; die Hinrichtung Ludwigs XVI. im Januar 1793 hatte ihn, wie viele andere Intellektuelle, die zunächst mit der Revolution sympathisiert hatten, entsetzt. Vgl. seinen Brief an Körner vom 8. Februar 1793 (NA 26, 183).*

38 Compositionen zu den Voßischen Gedichten] *Beigegeben dem siebten »Horen«-Stück; die Beilage enthält Reichardts Vertonungen von Gedichten des Homer-Übersetzers Johann Heinrich Voß (1751–1826): »Weihe der Schönheit«, »Sängerlohn« und »Die Dichtkunst«.*

40 Göthen *bis* zurük.] *Goethe kam erst am 11. August aus Karlsbad zurück.*

43-44 jungen Freunde] *Vielleicht Siegfried August Mahlmann (1771–1826), von dem Reichardt 1795 einige Gedichte vertonte. In seiner Antwort vom 26. August schrieb Reichardt:* Der junge Dichter, den ich gerne in Ihrem Schutze wüßte läßt mich noch auf die Einsendung seiner Gedichte warten. Vermuthlich wird ihm iezt die erste Auswahl schwer, da er zum ersten Mahl vor ein hohes Gericht treten soll. *(NA 35, 307f.) – Von Mahlmann sind zwei Briefe an Schiller überliefert (vom 23. März 1796 und 16 Mai 1799; vgl. NA 36 I, 165f. und NA 38 I, 87); beiden Briefen lagen Gedichte bei. Schiller hat auf die Zusendungen nicht reagiert.*

12 AN ELISABETHA DOROTHEA SCHILLER

[Jena, den 19. September 1796. Montag]

Liebste Mutter,

Herzlich betrübt ergreife ich die Feder, mit Ihnen und den lieben Schwestern den schweren Verlust zu beweinen, den wir zusammen erlitten haben. Zwar gehofft habe ich schon eine Zeitlang nichts mehr, aber wenn das Unvermeidliche wirklich eingetreten ist, so ist es immer ein erschütternder Schlag. Daran zu denken, daß etwas, das uns so theuer war, und woran wir mit den Empfindungen der frühen Kindheit gehangen und auch im spätern Alter mit Lieb[e] geheftet waren, daß so etwas aus der Welt is[t], daß wir mit allem unsern Bestreben es nicht mehr zurückbringen können, daran zu denken ist immer etwas schreckliches. Und wenn man erst, wie Sie theureste liebste Mutter, Freude und Schmerz mit dem Verlorenen Freund und Gatten so lange soviele Jahre getheilt hat, so ist die Trennung um so schmerzlicher. Auch wenn ich nicht einmal daran denke, was der gute verewigte [Vater] mir und uns allen gewesen ist, so kan[n] [...] ich mir nicht ohne wehmüthige Rührung den Beschluß eines so bedeutenden und thatenvollen Lebens denken, das ihm Gott so lange und mit solcher Gesundheit fristete, und das er so redlich und ehrenvoll verwaltete. Ja warlich es ist nichts geringes, auf einem so langen und mühevollen Laufe so treu auszuhalten, und so wie er noch im 73gsten Jahre mit einem so kindlichen reinen Sinn von der Welt zu scheiden. Möchte ich, wenn es mich gleich alle seine Schmerzen kostete, so unschuldig von meinem Leben scheiden als Er von dem seinigen! Das Leben ist eine so schwere Prüfung, und die Vortheile, die mir die Vorsehung in mancher Vergleichung mit ihm vergönnt haben mag, sind mit sovielen Gefahren für das Herz und für den wahren Frieden verknüpft.

Ich will Sie und die lieben Schwestern nicht trösten. Ihr fühlt alle mit mir, wieviel wir ver[loren haben,] aber ihr fühlt auch, daß der Tod allein dieses lange Leiden endigen konnte. Unserm theuren Vater ist wohl, und wir alle müssen und werden ihm folgen. Nie wird sein Bild aus unserm Herzen erlöschen, und der Schmerz um ihn soll uns nur noch enger unter einander vereinigen.

Vor 5 und 6 Jahren hat es nicht geschienen, daß Ihr, meine Lieben, nach einem solchen Verluste noch einen Freund an einem Bruder finden, daß ich den l. Vater überleben würde. Gott hat es anders gefügt und er gönnt mir noch die Freude, Euch etwas seyn zu kö[nnen]. Wie bereit ich dazu bin, darf ich euch wohl nicht mehr versichern. Wir kennen einander alle auf diesen Punkt und sind des lieben Vaters nicht unwürdige Kinder.

Sie, theure Mutter, müssen Sich Ihr Schicksal jetzt ganz selbst wählen und in Ihrer Wahl soll keine Sorge Sie leiten. Fragen Sie Sich selbst, wo Sie am liebsten leben, hier bey mir, oder bey Christ[ophine] oder im Vaterland mit der Louise. Wohin [Ihre] Wahl fällt, da wollen wir Mittel dazu schaffen. Vor der Hand müssen Sie ja doch, der Umstände wegen, im Vaterlande leben, und da läßt sich unterdessen alles arrangieren. In Leonberg glaube ich würden Sie die WinterMonate noch am leichtesten zu bringen und mit dem Frühjahr kämen Sie mit der Louise nach Meinungen, wo ich aber ausdrücklich rathen würde, eine eigene Wirthschaft zu treiben. Doch davon das nächstemal mehr. Ich würde darauf bestehen, daß Sie hieher zu mir zögen, wenn ich nicht fürchtete, daß es Ihnen bey mir viel zu fremd und zu unruhig seyn würde. Sind Sie aber nur erst in Meinungen, so wollen wir Mittel genug finden, uns zu sehen, und Ihnen die lieben Enkel zu bringen.

An Reinwald habe ich wieder geschrieben, und ihm vorgestellt, daß Christophine sich jetzt nicht sogleich auf den Rückweg machen kann. Ohnehin kann ja jetzt noch niemand durch jene Gegenden reisen. Ist alles unangenehme der Geschäfte vorbey, und sind Sie liebste Mutter etwas beruhigt, so kann sie dem Wunsch ihres Mannes nachgeben.

Ein großer Trost wäre mirs, Sie liebste Mutter wenigstens in den ersten 3, 4 Wochen nach der Trennung von Christophinen bey Bekannten zu wißen, weil die Gesellschaft unsrer Louise Sie doch immer an die vorigen Zeiten zu sehr erinnern wird.

Sollte aber keine Pension von dem Herzog gegeben werden und der Verkauf der Sachen Sie nicht zu lange aufhalten, so könnten Sie vielleicht mit den Schwestern gleich nach Meinungen reisen, und würden sich dort in der neuen Welt um so eher beruhigen.

Alles, was Sie zu einem gemächlichen Leben brauchen, muß Ihnen werden, beste Mutter, und es ist nun hinfort meine Sache, daß keine Sorge Sie mehr drückt. Nach soviel schwerem Leiden muß der Abend Ihres Lebens heiter oder doch ruhig seyn, und ich hoffe, Sie sollen im Schooße Ihrer Kinder und Enkel noch manchen frohen Tag genießen.

Alles was unser theurer Vater an Briefschaften und Mscrpten hinterlassen, kann mir durch Christophinen mitgebracht werden. Ich will suchen, seinen letzten Wunsch zu erfüllen, der auch für Sie, liebste Mutter, Nutzen bringen soll.

Herzlich umarmen wir Sie und die lieben Schwestern. Meine Lotte würde Selbst geschrieben haben, aber wir haben heute das Haus voller Gäste, und in dieser Zerstreuung wars unmöglich. Sie hat mit mir den Verewigten Vater, den sie immer recht herzlich geliebt, beweint, und ihr tiefer Antheil an diesem Verlust hat sie mir noch lieber und theurer gemacht. Auch meine Schwiegermutter, und Wolzogens die gerade hier sind, sind sehr davon gerührt worden und lassen tausendmal grüßen.

Ihr ewig dankbarer Sohn
FSch.

Meiner guten Louise wünsche ich zu ihren guten Aussichten, und dem braven jungen Mann Glück, der ihr seine Hand anbietet und durch sein edles Betragen an dem Krankenlager unsers Vaters seine rechtschaffene Gesinnung an den Tag gelegt hat. Vielmals soll sie mich ihm als meinem künftigen Schwager empfehlen und ihn im Voraus meiner Freundschaft und herzlichen Ergebenheit versichern.

KORREKTUREN UND ERGÄNZUNGEN

Die wegen Beschädigung des Papiers nicht mehr erkennbaren, aber erschließbaren Buchstaben und Wörter sind im transkribierten Brieftext in eckigen Klammern eingefügt.

13 so kan] *Vermutlich fehlen außer dem leicht ergänzbaren* n *zwei Worte; auf Grund der folgenden Korrekturen ist denkbar, daß Schiller zunächst* ich nicht *geschrieben hatte und dann die Worte wegen der veränderten Satzkonstruktion wieder gestrichen hat.*
13 ich mir nicht] *über der Zeile ergänzt*
13 Rührung] *danach* daran denken *gestrichen*
19 Er] *korrigiert aus* er
28 einem] *über gestrichen* Eurem
41 treiben.] *Punkt korrigiert aus Komma, danach* weil *gestrichen*
49 sind] *korrigiert aus* die
50 nachgeben.] *danach gestrichen:* Doch das kann ich heute noch nicht recht überlegen und will auf den nächsten Postta[g] [...] schreiben.
51 Sie] S *korrigiert aus* d
75 Glück] *über der Zeile ergänzt*

ERLÄUTERUNGEN

Handschrift (2 Doppelblätter: [1.] 18,5 x 22,7 cm; [2.] 18,8 x 23,5 cm; stark beschädigt): Deutsches Literaturarchiv/Schiller-Nationalmuseum Marbach a. N.

Das Datum wurde nach dem Kalender, in den Schiller ein- und ausgehende Post eintrug, ergänzt. Vgl. NA 41 I, 42.

Johann Caspar Schiller, geb. am 27. Oktober 1723, war am 7. September vermutlich an einem Prostata-Krebs auf der Solitude gestorben. Die Briefe mit dieser Nachricht von den Schwestern Christophine und Louise sowie der Mutter (geschrieben am 8. und 9. September) hatte Schiller am 19. September erhalten. Vgl. NA 36 I, 317–323.

30 überleben würde] *Zu Schillers schwerer Erkrankung im Jahr 1791 vgl. den Brief Nr 7 und die Erläuterungen dazu.*
35 wo Sie am liebsten leben] *Schillers Mutter (1732–1801) zog Mitte November mit ihrer Tochter Louise zunächst nach Leonberg, blieb also in ihrem ›Vaterland‹ Württemberg.*
40 Meinungen] *Gemeint ist Meiningen, Christophine Reinwalds Wohnort.*
46 An Reinwald] *Schiller hatte am selben Tag an seinen Schwager Wilhelm Friedrich Hermann Reinwald (1737–1815) geschrieben. In dem Brief heißt es:* Du begreifst, daß sie [Christophine] in den ersten Tagen der schmerzlichen Trennung, wo noch soviele unangenehmen Ereigniße auf die gute Mutter einstürmen, nicht abreisen konnte, wenn auch die Post im Gange wäre. Aber diese stockt

noch immer und wir müssen erst die Kriegsereigniße auf der fränkischen, schwäbischen und pfälzischen Grenze abwarten. *(NA 28, 295)*

54 keine Pension von dem Herzog] *Herzog Friedrich Eugen von Württemberg (1732–1797) machte Schillers Mutter zunächst ein Geschenk von 75 Gulden; Mitte 1797 wurde ihr eine jährliche Pension von 100 Gulden bewilligt; außerdem durfte sie im Leonberger Schloß mietfrei wohnen. Schiller legte zur Pension einiges hinzu: Er ließ seiner Mutter vierteljährlich durch seinen Verleger Cotta 30 Gulden überweisen. Vgl. NA 28, 321.*

64 seinen letzten Wunsch] *Schiller wollte den zweiten Teil von seines Vaters Werk »Die Baumzucht im Großen aus Zwanzigjährigen Erfahrungen im Kleinen«, von dem 1795 der erste Teil erschienen war, herausgeben. Das gelang ihm nicht.*

66-67 würde Selbst geschrieben haben] *Charlotte Schiller kondolierte doch noch am selben Tag:* Liebste Mutter! So sehr wir leider voraus sehen mußten, solche traurige Nachrichten wie die heutigen zu erhalten, so weh haben sie uns doch gethan. [...] / Erhalten Sie, liebe, gute Mutter, sich Ihren Kindern recht lange, pflegen Sie Ihre Gesundheit recht und vertrauen Sie der Vorsehung. [...] / Die lieben Schwestern umarme ich herzlich [...]. *(Charlotte von Schiller und ihre Freunde. [Hrsg. von Ludwig Urlichs.] Bd 1. Stuttgart 1860. S. 341 f.)*

70 meine Schwiegermutter] *Louise von Lengefeld.*

70 Wolzogens] *Wilhelm und Caroline von Wolzogen.*

74 zu ihren guten Aussichten] *Schillers Schwester Louise (1766–1836) heiratete im Oktober 1799 den Pfarrer Johann Gottlieb Franckh (1760–1834) in Cleversulzbach.*

13 AN AMALIE VON IMHOFF

[Weimar, den 17. Juli 1797. Montag]

Ich schicke Ihnen hier den Taucher, liebste Freundin, den Sie zu lesen wünschten. Nicht als glaubte ich, daß Ihnen soviel daran liegen könne, aber es macht mir Vergnügen Sie durch irgend was an mich zu erinnern und Ihnen zu zeigen, wie gern ich mich mit Ihnen beschäftige.

Ihre Großmama hat mir gestern einen recht schönen Tag gemacht, denn sie sagte mir, daß meine liebenswürdige Freundin sich meiner mit Antheil erinnre, und sie hätte mir auf der Welt nichts sagen können, was mir mehr Freude gemacht hätte.

Wie schwer wird mirs, morgen abzureisen, ohne Sie so oft gesehen zu haben, als ich hoffte. Aber im nächsten Winter hoffe ich glücklicher zu seyn, und biß dahin laßen Sie mich zuweilen schriftlich von Ihnen hören meine Liebe, daß Sie meiner gedenken. Vielleicht sehe ich Sie heut Abend bey der Frau von Stein, denn dahin komme ich, wenn es mir möglich ist.

Geh.rath Göthe wünschte, daß Sie morgen Mittag mit Ihm und mir seyn möchten und Ihre Gedichte mitbrächten. Sie können denken, daß mir dieses unendlich am Herzen liegt, und wenn Sie es möglich machen können, so kommen Sie ja. Auch wünscht er, daß Sie, zeitig, spätestens um Eilf Uhr kommen möchten, damit wir Zeit haben, recht viel zu sprechen. Laßen Sie mich wißen, ob wir Sie sehen werden, herzlich freue ich mich darauf.

Sie laßen dann vielleicht heute Nachmittag Ihre Gedichte abschreiben, daß Sie uns recht viel mitbringen können.

Der lieben Mama meine beßten Empfehlungen.

Ihr
aufrichtiger ewig ergebener
Freund Schiller

KORREKTUR

8 abzureisen] zu *über der Zeile eingefügt*

ERLÄUTERUNGEN

Handschrift (1 Doppelblatt 18,7 x 22,5 cm):
Deutsches Literaturarchiv/Schiller-Nationalmuseum Marbach a. N.

Das Datum des Briefs ergibt sich aus der Angabe, daß Schiller am folgenden Tag von Weimar nach Jena zurückkehren werde. Das geschah am 18. Juli.

Mit Amalie von Imhoff (1776–1831), einer Nichte Charlotte von Steins, verband Schiller eine herzliche Freundschaft. Er schätzte ihr poetisches Talent und war nach Kräften bemüht, ihr förderlich zu sein, indem er ihren Dichtungen seine Periodica – die »Horen« und den Musenalmanach – öffnete. Amalie von Imhoffs Epos »Die Schwestern von Lesbos« umfaßt 196 (von insgesamt 264) Seiten des letzten Schillerschen Almanachs (für das Jahr 1800).
Bemerkenswert erscheint, daß Schiller in seinen Briefen an Amalie von Imhoff diese fast stets als »liebe« oder »theure« oder »liebste Freundin« anspricht und daß sie in der Regel als »treue Freundin Amalie« antwortet. – 1803 heiratete Amalie von Imhoff den schwedischen Offizier Carl von Helvig. Im Mai 1804 wurde Schiller Pate ihres ersten Kindes, der Tochter Charlotte.

1 Taucher] *Schillers im Juni 1797 entstandene Ballade erschien im Oktober in seinem »Musen-Almanach für das Jahr 1798«.*
5 Ihre Großmama] *Concordia Elisabeth von Schardt, geb. Irving of Drum (1724–1802).*
8 morgen abzureisen] *Schiller war seit dem 11. Juli als Gast Goethes in Weimar.*
9 im nächsten Winter] *In einem Brief an Charlotte von Stein vom selben Tag heißt es:* Meine Hoffnung ist auf den Winter gerichtet, wo ich alles anwenden werde, mehrere Monate hier [in Weimar] zu seyn [...]. *(NA 29, 101) Schillers Hoffnung erfüllte sich nicht.*
10 schriftlich von Ihnen hören] *Von Amalie von Imhoff sind aus den nächsten Monaten drei Briefe an Schiller überliefert (vgl. NA 37 I, 114, 122 und 150f.).*
11 bey der Frau von Stein] *Ob Amalie von Imhoff an der Zusammenkunft bei Charlotte von Stein teilnahm, ist nicht bekannt.*
13 Göthe wünschte] *In einem Brief Amalie von Imhoffs an Karl Ludwig von Knebel vom 14. August 1797 heißt es:* Schiller war vor ein paar Wochen hier, und ich habe ziemlich viel mit ihm gelebt, den lezten Tag seines Aufenthalts lies mich Göthe zu Tisch einladen und Schiller schrieb mir zugleich daß ich womöglich schon um 11 Uhr mit allen was ich hätte kommen sollte; ich nahm also eine Romanze die ich eben vollendet [vermutlich »Die Jungfrau des Schlosses«], dann auch meine 4 Gesänge [des Epos »Die Schwestern von Lesbos«] und eine Menge kleinerer Sachen mit. Es wurde Alles zu Gnaden aufgenommen, die Vollendung meiner Gesänge betreiben beyde aufs stärkste [...]. *(Zitiert nach der Handschrift im Goethe- und Schiller-Archiv Weimar.)*
21 Der lieben Mama] *Louise von Imhoff, geb. von Schardt (1750–1803); sie war eine Schwester Charlotte von Steins.*

14 AN JOHANN WOLFGANG VON GOETHE

Jena 27. Febr. 98. [Dienstag]

Dieser Februar ist also hingegangen, ohne Sie zu mir zu bringen, und ich habe, erwartend und hoffend bald den Winter überstanden. Desto heitrer seh ich ins Frühjahr hinein, dem ich wirklich mit neuerwachtem Verlangen mich entgegen sehne. Es beschäftigt mich jetzt zuweilen auf eine angenehme Weise, in meinem Gartenhause und Garten Anstalten zur Verbeßerung meines dortigen Aufenthalts zu treffen. Eine von diesen ist besonders wohlthätig und wird eben so angenehm seyn: ein Bad nehmlich, das ich reinlich und niedlich in einer von den Gartenhütten mauren lasse. Die Hütte wird zugleich um einen Stock erhöht und soll eine freundliche Aussicht in das Thal der Leitra erhalten. Auf der entgegengesetzten Lambrechtischen Seite ist schon im vorigen Jahr an die Stelle der Hütte eine ganz maßivgebaute Küche getreten. Sie werden also, wenn Sie uns im Garten besuchen allerlei nützliche Veränderungen darinn finden. Möchten wir nur erst wieder dort beysammen seyn!

Ich lege doch jetzt ganz unvermerkt eine Strecke nach der andern in meinem Pensum zurück und finde mich so recht in dem tiefsten Wirbel der Handlung. Besonders bin ich froh, eine Situation hinter mir zu haben, wo die Aufgabe war, das ganz gemeine moralische Urtheil über das Wallensteinische Verbrechen auszusprechen und eine solche an sich triviale und unpoetische Materie poetisch und geistreich zu behandeln, ohne die Natur des moralischen zu vertilgen. Ich bin zufrieden mit der Ausführung und hoffe unserm lieben moralischen Publikum nicht weniger zu gefallen, ob ich gleich keine Predigt daraus gemacht habe. Bei dieser Gelegenheit habe ich aber recht gefühlt, wie leer das eigentlich moralische ist, und wieviel daher das Subjekt leisten mußte, um das Objekt in der poetischen Höhe zu erhalten.

In Ihrem letzten Briefe frappierte mich der Gedanke, daß die Natur, obgleich von keinem einzelnen gefaßt, von der Summe aller Individuen gefaßt werden könnte. Man kann wirklich, däucht mir, jedes Individuum als einen eigenen Sinn betrachten, der die Natur im Ganzen eben so eigenthümlich auffaßt als ein einzelnes Sinnenorgan des Menschen und eben so wenig durch einen andern sich ersetzen läßt, als das Ohr durch das Auge und s. w. Wenn nur jede individuelle Vorstellungs- und Empfindungsweise auch einer reinen und vollkommenen Mittheilung fähig wäre, denn die Sprache hat eine, der Individualität ganz entgegensetzte Tendenz, und solche Naturen, die sich zur allgemeinen Mittheilung ausbilden büssen gewöhnlich soviel von ihrer Individualität ein, und verlieren also sehr oft von jener sinnlichen Qualität zum Auffaßen der Erscheinungen. Ueberhaupt ist mir das Verhältniß der allgemeinen Begriffe und der auf diesen erbauten Sprache zu den Sachen und Fällen und Intuitionen ein Abgrund, in den ich nicht ohne Schwindeln schauen kann. Das wirkliche Leben zeigt in jeder Minute die Möglichkeit einer solchen Mittheilung des Besondern und

Besondersten durch ein allgemeines Medium, und der Verstand, als solcher, muss sich beinah die Unmöglichkeit beweisen.

Leben Sie recht wohl. Ich lege Humboldts letzten Brief bey, den ich mir zur Beantwortung bald zurückerbitte. Meine Frau grüßt Sie aufs beste. Meiern viele Grüße.

S.

KORREKTUREN

17 gemeine] *danach* menschli *gestrichen*

25 Individuen] *danach* gefast *(?) gestrichen*

31 solche] *korrigiert aus* solchen, *davor* von *gestrichen*

33 ein,] *Komma korrigiert aus Punkt*

36 Abgrund] A *korrigiert aus* W

ERLÄUTERUNGEN

Handschrift (1 Doppelblatt 18,7 x 23,5 cm):
Goethe- und Schiller-Archiv Weimar

10 Leitra] *Leutra. – An den Ort in der Südwestecke des Gartens, den Schiller sich herrichtete, erinnerte Goethe 1805 in seinem »Epilog zu Schillers Glocke« (Vers 33 f.).*

10 Lambrechtischen Seite] *An der Nordseite des Schillerschen Gartens. – Johann Rudolph Lamprecht (1748–1828), Eigentümer des an Schillers Garten angrenzenden Grundstücks, war Fleischerobermeister in Jena.*

12 im Garten besuchen] *Goethe kam am 20. März nach Jena und blieb dort bis zum 6. April; in dieser Zeit wird er gelegentlich auch in Schillers Gartenhaus gewesen sein.*

14-15 in meinem Pensum] *Schiller arbeitete am »Wallenstein«.*

16 eine Situation hinter mir] *Vermutlich die Auseinandersetzung Wallensteins mit Max Piccolomini (in der Buchfassung: »Wallensteins Tod« II, 2; vgl. NA 8, 204–209).*

24 Ihrem letzten Briefe] *Vom 21. (und 25.) Februar (vgl. NA 37 I, 250 f.).*

40 Humboldts letzten Brief] *Wilhelm von Humboldts vor dem 20. Januar 1798 geschriebener Brief aus Paris (vgl. NA 37 I, 224–228) war am 18. Februar in Jena eingetroffen. Goethe schickte ihn am 7. März zurück.*

41 Meiern] *Der Schweizer Kunsthistoriker Heinrich Meyer (1760–1832), Goethes Hausgenosse.*

15 AN JOHANN WOLFGANG VON GOETHE

Jena den 11. Dec. 98 [Dienstag]

Es ist eine rechte Gottesgabe um einen weisen und sorgfältigen Freund, das habe ich bei dieser Gelegenheit aufs neue erfahren. Ihre Bemerkungen sind vollkommen richtig und Ihre Gründe überzeugend. Ich weiß nicht welcher böse Genius über mir gewaltet, daß ich das astrologische Motiv im Wallenstein nie recht ernsthaft anfaßen wollte, da doch eigentlich meine Natur die Sachen lieber von der ernsthaften als leichten Seite nimmt. Die Eigenschaften des Stoffes müssen mich anfangs zurückgeschreckt haben. Ich sehe aber jetzt vollkommen ein, daß ich noch etwas bedeutendes für diese Materie thun muß und es wird auch wohl gehen, ob es gleich die Arbeit wieder verlängert.

Leider fällt diese für mich so dringende Epoche des Fertig werdens in eine sehr ungünstige Zeit, ich kann jetzt gewöhnlich über die andere Nacht nicht schlafen, und muß viel Kraft anwenden, mich in der nöthigen Klarheit der Stimmung zu erhalten. Könnte ich nicht durch meinen Willen etwas mehr, als andere in ähnlichen Fällen können, so würde ich jetzt ganz und gar pausieren müssen.

Indeßen hoffe ich Ihnen doch die Piccolomini zum Christgeschenk noch schikken zu können.

Möchten nur auch Sie diese nächsten schlimmen Wochen heiter und froh durchleben und dann im Januar wieder munter zu uns und Ihren hiesigen Geschäften zurückkehren.

Ich bin neugierig zu erfahren, was Sie für das 4 te Stück der Propylæen ausgedacht.

Leben Sie recht wohl. Ich erhalte einen Abendbesuch von meinem Hausherrn, der mich hindert mehr zu sagen.

Die Frau grüßt Sie herzlich.

Meiern viele Grüße.

S.

KORREKTUR UND ERGÄNZUNGEN

4 böse] *über der Zeile ergänzt*

5 ernsthaft] haft *in der Zeile ergänzt*

16-17 noch schicken] noch *über der Zeile ergänzt,* sch *korrigiert aus* zu

ERLÄUTERUNGEN

Handschrift (1 Doppelblatt 18,7 x 23 cm):
Goethe- und Schiller-Archiv Weimar

3 Ihre Bemerkungen] *Goethe hatte am 8. Dezember Schillers Frage nach Sinn und Zweck des astrologischen Motivs, dessen Verwendung für den »Wallenstein« noch nicht entschieden war, ausführlich beantwortet: das Motiv sei besser geeignet, Wallensteins Verhalten (sein Handeln und Nichthandeln) plausibel zu machen, als das von Schiller in Erwägung gezogene Buchstabenorakel, das Seni mit einem fünffachen »F« auf eine Tafel schreiben und das Wallenstein erläutern sollte: »Fidat Fortunae Friedlandus. Fata Favebunt.« (»Friedland traue der Göttin des Glücks [des Zufalls], die Schicksalsgöttinnen [die Parzen] werden ihm günstig sein.«) Vgl. NA 38 I, 13 f.*
16 Christgeschenk] *Mit dem zweiten Stück der »Wallenstein«-Trilogie, den »Piccolomini«, wurde Schiller erst am 31. Dezember fertig. In den Tagen nach Weihnachten strich er etwa 400 Verse aus dem Manuskript, das zu dieser Zeit noch die beiden ersten Akte von »Wallensteins Tod« enthielt.*
19-20 zu uns *bis* zurückkehren] *Am 4. Januar 1799 reiste Schiller mit seiner Familie nach Weimar, wo am 30. Januar die Uraufführung der »Piccolomini« stattfand; am 7. Februar kehrte er in Begleitung Goethes nach Jena (wo dieser drei Wochen blieb) zurück.*
21 das 4 te Stück der Propylæen] *Goethe war noch dabei, für das dritte Stück seiner Zeitschrift Beiträge zu sammeln; vorrätig waren einstweilen die Fortsetzung der von ihm besorgten Abhandlung »Diderots Versuch über die Malerey« und Heinrich Meyers Aufsatz »Niobe mit ihren Kindern«. Das Stück, das erst im März und April 1799 gedruckt wurde, enthält noch Goethes Gedicht »Phöbos und Hermes« und weitere Beiträge Meyers: »Ueber Restauration von Kunstwerken«, »Chalkographische Gesellschaft zu Dessau« und »Nachricht an Künstler und Preisaufgabe«. – Das im Juli 1799 ausgelieferte vierte »Propyläen«-Stück wurde wieder ausschließlich mit Beiträgen Goethes und Meyers gefüllt.*
23 Hausherrn] *Johann Jakob Griesbach (1745–1812), Professor der Theologie in Jena. Schiller lebte in dessen Haus (Schloßgasse 17) seit April 1795.*
26 Meiern] *Heinrich Meyer; vgl. Erläuterung zum Brief Nr 14.*

16 AN JOHANN FRIEDRICH COTTA

Jena 5. Jul. 99. [Freitag]

Bei meiner Zurückkunft aus Weimar, wo ich etliche Tage gewesen bin, um der Vorstellung des Wallensteins beizuwohnen, den man in Anwesenheit des Königs u: d Königin v Preußen gab, finde ich Ihren Brief und beantwortete ihn sogleich. Unsern herzlichen Glückwunsch fürs erste zu der glücklichen Entbindung Ihrer lieben Frau und dem jungen Stammhalter Ihres Hauses. Möchten Muttter und Kind sich nun auch recht wohl befinden. Auch meine Schwägerin, die dieser Tage von ihrer Dresdner Reise zurückgekommen, nimmt herzlichen Antheil an Ihrem Glück.

Göthe hat mir über die bewußte Sache noch kein Wort gesagt, ob ich gleich mehrere Tage in Weimar mit ihm zusammen gewesen. Auch Meiern, der bei ihm wohnt, hat er von der Sache nichts entdeckt. Vielleicht daß er Ihnen unterdeßen schon selbst geantwortet, inwiefern er unwillig seyn kann sehe ich nicht, denn der Verlust ist ein viel zu großes Objekt, als daß man dazu schweigen könnte. Freilich ist es eine schreckliche Erfahrung, die man hier wieder in Absicht auf den Geschmack des deutschen Publikums, und ins besondere, des kunsttreibenden und kunstliebenden Publicums macht. Ich habe zwar nie viel auf dasselbe gehalten, aber so höchst erbärmlich hätte ich mir die Deutschen doch nicht vorgestellt, daß eine Schrift, worinn ein Kunstgenie von erstem Rang die Resultate seines lebenslänglichen Studiums ausspricht, nicht einmal den gemeinen Absatz finden sollte.

Das neue Stück der Propyläen wird zwar einen größern Eindruck machen als die vorigen, weil es einen kleinen, auf Kunst sich beziehenden Roman von Göthe enthält, aber wenn dieses Stück nicht zum allerwenigsten 1000mal abgesezt wird, so sehe ich nicht, wie das Journal fortgehen kann. Es ist nicht genug, daß sie bei den folgenden Stücken nichts verlieren, sie müssen auch den alten Verlust nach hohlen.

An Sheridan habe ich, des Wallenstein wegen durch einen Engländer schreiben lassen, und erwarte binnen 4 Wochen sowohl von ihm als auch von dem andern mit dem ich in Unterhandlung stehe, Antwort. Alsdann können wir mit Bell richtig machen, oder aufheben.

Leben Sie recht wohl und empfehlen uns beide Ihrer Frau Gemahlin aufs beßte.

Ganz der Ihrige
Schiller.

KORREKTUREN

4 Ihren Brief] *korrigiert aus* Ihre Briefe
16 macht. Ich] *korrigiert aus* machen m[uß]
28 machen,] *Komma korrigiert aus Punkt*

ERLÄUTERUNGEN

Handschrift (1 Doppelblatt 11,7 x 18,5 cm):
Cotta-Archiv im Deutschen Literaturarchiv/Schiller-Nationalmuseum Marbach a. N.

Schiller hatte den Tübinger Verleger Cotta (1764–1832) im März 1794, also gegen Ende seiner im August 1793 angetretenen Schwabenreise, kennengelernt und mit ihm eine enge Zusammenarbeit vereinbart. Ein Vertrag über die Herausgabe einer politischen Tageszeitung, von Schiller am 28. Mai 1794 in Jena unterzeichnet (vgl. NA 27, 206f.), wurde allerdings nicht erfüllt; um so mehr kümmerte sich Schiller um die ebenfalls am 28. Mai 1794 vertraglich übernommene Herausgabe der literarischen Monatsschrift »Die Horen« (vgl. NA 27, 208–210), die immerhin drei Jahre (1795–1797) erscheinen konnte. Auch Schillers Musenalmanach nahm Cotta vom zweiten Jahrgang an in Verlag, nicht anders als die ›klassischen‹ Dramen des Dichters von »Wallenstein« bis »Wilhelm Tell« (mit Ausnahme der »Jungfrau von Orleans«). – Cotta erwies sich als sehr generös, wenn Schiller Geld benötigte. Nach des Dichters Tod wurden die hinterlassenen Schulden schnell getilgt, und der Verleger machte mit den Werken seines Autors ansehnliche Geschäfte.

2 Zurückkunft aus Weimar] *Schiller war vom 30. Juni bis zum 3. Juli in Weimar gewesen.*
2-3 Vorstellung des Wallensteins] *»Wallensteins Tod« war am 2. Juli aufgeführt worden.*
3-4 in Anwesenheit des Königs u: d Königin] *Das preußische Königspaar Friedrich Wilhelm III. (1770–1840, seit 1797 König) und Luise (1776–1810) hatte sich vom 1. bis zum 3. Juli zu einem ›Staatsbesuch‹ in Weimar aufgehalten. Nach der »Wallenstein«-Aufführung war der Dichter von den Herrschaften empfangen und mit Lob bedacht worden.*
4 Ihren Brief] *Gemeint ist vermutlich Cottas Brief vom 25. Juni (vgl. NA 38 I, 111f.). Der vorliegende Brief Schillers geht allerdings mehr auf Cottas Brief vom 18. Juni (vgl. NA 38 I, 103f.) ein, den Schiller bereits am 24. Juni erhalten hatte.*
5 glücklichen Entbindung] *Cottas Sohn Adolph war am 9. Juni geboren worden; er starb am 12. Juni 1805.*
5 lieben Frau] *Wilhelmine Cotta, geb. Haas (1769–1821).*
7 meine Schwägerin] *Caroline von Wolzogen; sie war im Juni für 14 Tage in Dresden gewesen.*
9 die bewußte Sache] *Es ging um den von Cotta beklagten schlechten Absatz der von ihm verlegten Goetheschen Kunstzeitschrift »Propyläen«, die noch bis 1800 erschien.*
10 Meiern] *Heinrich Meyer.*
12 selbst geantwortet] *Am 5. Juli schrieb Goethe an Cotta:* Wenn man im Kriege einen echec erleidet; so sucht man die nächste gute Position zu gewinnen, um entweder, wenns glückt, wieder vor-

wärts zu gehen, oder, wenn es seyn muß, sich auf eine leidliche Weise zu retiriren. *(Goethe und Cotta. Briefwechsel 1797–1832. Hrsg. von Dorothea Kuhn. Bd 1. Stuttgart 1979. S. 58.)*

20 Das neue Stück] *Das vierte Stück der Zeitschrift; es erschien noch im Juli.*

21 Roman von Göthe] *Gemeint ist Goethes Aufsatz »Der Sammler und die Seinigen«.*

25 Sheridan] *Richard Brinsley Sheridan (1751–1816) war seit 1776 Mitdirektor des Drury Lane-Theaters in London. Wahrscheinlich ging es um eine »Wallenstein«-Aufführung, zu der es aber zu Schillers Lebzeiten nicht kam.*

25 einen Engländer] *Charles Mellish (1769–1823), englischer Diplomat und Schriftsteller; er lebte seit 1797 in Weimar und stand mit Schiller in gutem Einvernehmen. Sein Brief an Sheridan ist nicht bekannt.*

26 dem andern] *Georg Heinrich Nöhden (1770–1826), Historiker und Übersetzer in Eton; ihm hatte Schiller am 5. Juni geschrieben und ihn gebeten, für die Verbreitung der »Wallenstein«-Trilogie, in einer Übersetzung und auf dem Theater, Sorge zu tragen. Vgl. NA 30, 55 f. Nöhdens Antwort vom 24. Juli 1799 (vgl. NA 38 I, 127 f.) eröffnete zwar einige Aussichten, doch kam es nicht zu den von Schiller erhofften (gewinnversprechenden) Vertragsabschlüssen. Freilich erschienen schon 1800 in London »Die Piccolomini« und »Wallensteins Tod« in einer englischen Übersetzung von Samuel Taylor Coleridge (1772–1834). Eine Abschrift der beiden Dramen für diese Übersetzung ließ Schiller im September 1799 durch den der lateinischen Schrift kundigen Weimarer Theaterschreiber Wilhelm Schumann (1765–1850) anfertigen.*

27 Bell] *John Bell (1745–1831), Verleger und Buchhändler in London. Er sollte die »Wallenstein«-Übersetzung verlegen, kam aber nicht zum Zuge. Über die komplizierte Geschichte der englischen »Wallenstein«-Ausgabe vgl. NA 38 II, 171 f.*

17 AN HERZOG CARL AUGUST VON SACHSEN-WEIMAR-EISENACH

[Jena, den 1. September 1799. Sonntag]

Durchlauchtigster Herzog
Gnädigster Fürst und Herr,

Die wenigen Wochen meines Auffenthalts zu Weimar und in der größern Nähe Eurer Durchlaucht im lezten Winter und Frühjahr haben einen so belebenden Einfluß auf meine Geistesstimmung geäusert, daß ich die Leere und den Mangel jedes Kunstgenußes und jeder Mittheilung, die hier in Jena mein Loos sind doppelt lebhaft empfinde. Solange ich mich mit Philosophie beschäftigte, fand ich mich hier vollkommen an meinem Platz; nunmehr aber, da meine Neigung und meine verbeßerte Gesundheit mich mit neuem Eifer zur Poesie zurückgeführt haben finde ich mich hier wie in eine Wüste versetzt. Ein Platz, wo nur die Gelehrsamkeit und vorzüglich die metaphysische im Schwange gehen, ist den Dichtern nicht günstig: diese haben von jeher nur unter dem Einfluß der Künste und eines geistreichen Umgangs gedeihen können. Da zugleich meine dramatische Beschäftigungen mir die Anschauung des Theaters zum nächsten Bedürfniß machen und ich von dem glücklichen Einfluß desselben auf meine Arbeiten vollkommen überzeugt bin, so hat alles dieß ein lebhaftes Verlangen in mir erweckt, künftighin die Wintermonate in Weimar zuzubringen.

Indem ich aber dieses Vorhaben mit meinen ökonomischen Mitteln vergleiche, finde ich daß es über meine Kräfte geht, die Kosten einer doppelten Einrichtung, und den erhöhten Preiß der meisten Nothwendigkeiten in Weimar zu erschwingen. In dieser Verlegenheit wage ich es, meine Zuflucht unmittelbar zu der Gnade Eurer Durchlaucht zu nehmen, und ich wage es mit um so größerem Vertrauen, da ich mich, in Ansehung der Gründe die mich zu dieser Ortveränderung antreiben, Ihrer höchst eigenen gnädigsten Beistimmung versichert halten darf. Es ist der Wunsch der mich antreibt, Ihnen Selbst, gnädigster Herr und den durchlauchtigsten Herzoginnen näher zu seyn, und mich durch das lebhafte Streben nach Ihrem Beyfall, in meiner Kunst selbst vollkommener zu machen, ja vielleicht etwas weniges zu Ihrer eigenen Erheiterung dadurch beizutragen.

Da ich mich in der Hauptsache auf die Früchte meines Fleißes verlassen kann und meine Absicht keineswegs ist, darinn nachzulassen, sondern meine Thätigkeit vielmehr zu verdoppeln, so wage ich die unterthänigste Bitte an Eure Durchlaucht mir die KostenVermehrung, welche mir durch die Translocation nach Weimar und eine zweifache Einrichtung jährlich zuwächßt, durch eine Vermehrung meines Gehalts gnädigst zu erleichtern.

Der ich in tiefster Devotion ersterbe
Eurer Herzoglichen Durchlaucht
meines gnädigsten Herrn
Jena 1. Sept. unterthänigst treugehorsamster
1799. Fr Schiller.

KORREKTUR

33 jährlich] *korrigiert aus* jährliche

ERLÄUTERUNGEN

Handschrift (1 Doppelblatt 18,6 x 23,2 cm):
Goethe- und Schiller-Archiv Weimar

3 Auffenthalts zu Weimar] *Schiller war vom 4. Januar bis zum 7. Februar und dann wieder vom 10. bis zum 25. April 1799 in Weimar gewesen.*
16 die Wintermonate in Weimar] *Schiller zog im Dezember von Jena nach Weimar um; da er die Jenaer Stadtwohnung aufgab, entfielen* die Kosten einer doppelten Einrichtung *weitgehend. Das Jenaer Gartenhaus blieb allerdings noch bis Juni 1802 Schillers Eigentum.*
33-34 Vermehrung meines Gehalts] *Am 11. September antwortete der Herzog:* Der von Ihnen gefaste Vorsatz diesen Winter, und vieleicht auch die folgenden hier zuzubringen, ist mir so angenehm und erwünscht, daß ich gerne beytrage Ihnen den hiesigen auffenthalt zu erleichtern; 200 rth. gebe ich Ihnen von Michaeli dieses Jahres an, zulage. [...] Mir besonders ist die Hofnung sehr schätzbar Sie öfter zu sehn, und Ihnen mündl. die Hochachtung und Freundschaft, wiederholt versichern zu können die ich für Sie hege [...]. *(NA 38 I, 156f.) Mit der Zulage verdoppelte der Herzog das im Januar 1790 Schiller bewilligte Jahresgehalt von 200 Reichstalern. Im Juni 1804, als Schiller die Aussicht hatte, nach Berlin berufen zu werden, wurde die Summe noch einmal verdoppelt, auf nun 800 Taler. – Michaeli: Quartalsbeginn nach dem Michaelsfest am 29. September.*

18 AN CHARLOTTE VON SCHIMMELMANN

[Weimar, den 23. November 1800. Sonntag]

Ihre gütigen Worte, meine gnädige Gräfin, befreien mich von meiner Verlegenheit und ich darf mich Ihnen mit Vertrauen wieder nähern. Wie konnte ich auch nur einen Augenblick an Ihrer großmüthigen Gesinnung zweifeln, die sich so unverkennbar in jeder Zeile Ihrer Briefe mahlt. Aber ich sah nur auf die Größe meines Unrechts, und nicht zugleich auf die Schönheit Ihres Herzens, die über alle beschränkten Rücksichten erhaben ist.

Ja gewiß. Ich würde mein Schicksal preisen, wenn es mir vergönnt hätte, in Ihrer Nähe zu leben. Sie und der vortrefliche Schimmelmann würden eine idealische Welt um mich gebildet haben. Was ich Gutes haben mag, ist durch einige wenige Vortrefliche Menschen in mir gepflanzt worden, ein günstiges Schicksal führte mir dieselben in den entscheidenden Perioden meines Lebens entgegen, meine Bekanntschaften sind auch die Geschichte meines Lebens.

Dieses und einige Aeuserungen in Ihrem Briefe führen mich natürlich auf meine Bekanntschaft mit Göthen, die ich auch jezt, nach einem Zeitraum von sechs Jahren, für das wohlthätigste Ereigniß meines ganzen Lebens halte. Ich brauche Ihnen über den Geist dieses Mannes nichts zu sagen. Sie erkennen seine Verdienste als Dichter, wenn auch nicht in dem Grade an, als ich sie fühle. Nach meiner innigsten Ueberzeugung kommt kein anderer Dichter ihm an Tiefe und Empfindung und an Zartheit derselben, an Natur und Wahrheit und zugleich an hohem Kunstverdienste auch nur von weitem bei. Die Natur hat ihn reicher ausgestattet als irgend einen der nach Shakespear aufgestanden ist. Und außer diesem, was er von der Natur erhalten, hat er sich durch rastloses Nachforschen und Studium mehr gegeben als irgend ein anderer. Er hat es sich 20 Jahre mit der redlichsten Anstrengung sauer werden lassen, die Natur in allen ihren drey Reichen zu studieren und ist in die Tiefen dieser Wißenschaften gedrungen. Ueber die Physik des Menschen hat er die wichtigsten Resultate gesammelt und ist auf seinem ruhigen, einsamen Weg den Entdeckungen voraus geeilt, womit jezt in diesen Wißenschaften soviel Parade gemacht wird. In der Optik werden seine Entdeckungen erst in künftiger Zeit ganz gewürdiget werden, denn das Falsche der Newtonischen Farbenlehre hat er bis zur Evidenz demonstriert, und wenn er alt genug wird, um sein Werk darüber zu vollenden, so wird diese Streitfrage unwiderleglich entschieden seyn. Auch über den Magnet u: die Electricität hat er sehr neue und schöne Ansichten. So ist er auch in Rücksicht auf den Geschmack in bildenden Künsten dem Zeitgeiste sehr weit voraus und bildende Künstler könnten vieles bei ihm lernen. Welcher von allen Dichtern kommt ihm in solchen gründlichen Kenntnißen auch nur von ferne bei, und doch hat er einen großen Theil seines Lebens in Ministerialgeschäften aufgewendet, die darum, weil das Herzogthum klein ist, nicht klein und unbedeutend sind.

Aber diese hohen Vorzüge seines Geistes sind es nicht, was mich an ihn bindet. Wenn er nicht als Mensch für mich den größten Werth von allen hätte, die ich persönlich je habe kennen lernen, so würde ich sein Genie nur in der Ferne bewundern. Ich darf wohl sagen, daß ich in den 6 Jahren die ich mit ihm zusammen lebte, auch nicht einen Augenblick an seinem Charakter irre geworden bin. Er hat eine hohe Wahrheit und Biderkeit in seiner Natur, und den höchsten Ernst für das Rechte und Gute; darum haben sich Schwätzer und Heuchler und Sophisten in seiner Nähe immer übel befunden. Diese haßen ihn, weil sie ihn fürchten, und weil er das Flache und Seichte im Leben und in der Wißenschaft herzlich verachtet und den falschen Schein verabscheut, so muß er in der jetzigen bürgerlichen und litterarischen Welt nothwendig es mit vielen verderben.

Sie werden nun aber fragen, wie es komme, daß er bei dieser Sinnesart mit solchen Leuten wie die Schlegelischen Gebrüder sind in Verhältniß stehen könne. Dieses Verhältniß ist durchaus nur ein litterarisches und kein freundschaftliches, wie man es in der Ferne beurtheilt. Göthe schäzt alles Gute wo er es findet und so läßt er auch dem Sprach- und Vers Talent des ältern Schlegel und seiner Belesenheit in alter und in ausländischer Litteratur, und dem philosophischen Talent des jüngern Schlegel Gerechtigkeit widerfahren. Und darum, weil diese beiden Brüder und ihre Anhänger die Grundsätze der neuen Philosophie und Kunst übertreiben, auf die Spitze stellen und durch schlechte Anwendung lächerlich oder verhaßt machen, darum sind diese Grundsätze an sich selbst was sie sind, und dürfen durch ihre schlimmen Partisans nicht verlieren. An der lächerlichen Verehrung, welche die beiden Schlegels Göthen erweisen ist er selbst unschuldig, er hat sie nicht dazu aufgemuntert, er leidet vielmehr dadurch und sieht selbst recht wohl ein, daß die Quelle dieser Verehrung nicht die reinste ist; denn diese eiteln Menschen bedienen sich seines Nahmens nur als eines Paniers gegen ihre Feinde, und es ist ihnen im Grund nur um sich selbst zu thun. Dieses Urtheil, das ich Ihnen hier niederschreibe, ist aus Göthens eigenem Munde, in diesem Tone wird zwischen ihm und mir von den Herren Schlegel gesprochen.

Insofern aber diese Menschen und ihr Anhang sich dem einreissenden PhilosophieHaß und einer gewißen kraftlosen seichten Kunstcritik tapfer entgegen setzen, ob sie gleich selbst in ein anderes Extrem verfallen, insofern kann man sie, gegen die andere Parthey die noch schädlicher ist, nicht ganz sinken laßen, und die Klugheit befiehlt, zum Nutzen der Wißenschaft ein gewißes Gleichgewicht zwischen den Idealistischen Philosophen und den Unphilosophen zu beobachten.

Es wäre zu wünschen, daß ich Göthen eben so gut in Rücksicht auf seine häußlichen Verhältniße rechtfertigen könnte, als ich es in Absicht auf seine litterarischen und bürgerlichen mit Zuversicht kann. Aber leider ist er durch einige falsche Begriffe über das Häußliche Glück und durch eine unglückliche Ehescheue in ein Verhältniß gerathen, welches ihn in seinem eigenen häußlichen Kreise drückt und unglücklich macht, und welches abzuschütteln er leider zu schwach und zu weichherzig ist. Dieß ist seine einzige Blöße, die aber niemand verlezt als ihn selbst, und auch diese hängt mit einem sehr edeln Theil seines Charakters zusammen.

Ich bitte Sie, meine gnädige Gräfin, dieser langen Aeuserung wegen um Verzeihung; sie betrift einen verehrten Freund den ich liebe und hochschätze und den ich ungern von Ihnen beiden verkannt sehe. Kennten Sie ihn so wie ich ihn zu kennen und zu studieren Gelegenheit gehabt, Sie würden wenige Menschen Ihrer Achtung und Liebe würdiger finden.

Weimar 23. Nov. 1800. Schiller.

ERGÄNZUNGEN

4 auf] *über der Zeile ergänzt*
67 einer] *über der Zeile ergänzt*

ERLÄUTERUNGEN

Handschrift (2 Doppelblätter 18,5 x 23 cm):
Goethe- und Schiller-Archiv Weimar

Charlotte Gräfin von Schimmelmann, geb. von Schubart (1757–1816), war die Frau des dänischen Finanzministers Ernst Heinrich Graf von Schimmelmann, der zusammen mit dem Erbprinzen von Augustenburg 1791 Schiller ein beträchtliches Geldgeschenk gemacht hatte (vgl. die Erläuterungen zum Brief Nr 10). Seit 1795 stand sie im Briefwechsel mit Schiller und seiner Frau. Mit dem vorliegenden Brief beantwortete Schiller einen Brief Charlotte von Schimmelmanns an Charlotte Schiller vom 23. September 1800. – Schiller wußte, daß seine dänischen Gönner an Goethes Partnerschaft mit Christiane Vulpius Anstoß nahmen und Gedichte wie die »Römischen Elegien« als förmliche Demonstrationen einer unsittlichen Gesinnung mißbilligten.

1 Ihre gütigen Worte] *Charlotte von Schimmelmann hatte sich für die Übersendung der im Juni 1800 erschienenen Buchausgabe von Schillers »Wallenstein« bedankt.*
4 die Größe meines Unrechts] *Wahrscheinlich hatte sich Schiller in einem nicht überlieferten Brief beklagt, daß Charlotte von Schimmelmann das ihr von der dänischen Schriftstellerin Friederike Brun (1765–1835) zur Lektüre überlassene »Wallenstein«-Manuskript, das Karl August Böttiger (1760–1835) ohne Wissen Schillers nach Kopenhagen geschickt hatte, nicht vertraulich behandelt hatte. »Wallensteins Lager«, so hatte es geheißen, sei in Kopenhagen aufgeführt worden. Diese Meldung hatte sich als falsch erwiesen. Vgl. zu der Angelegenheit Schillers Briefe an Goethe und Böttiger vom 1. März 1799 (NA 30, 32–34).*
13 einige Aeuserungen in Ihrem Briefe] *Im Brief Charlotte von Schimmelmanns an Charlotte von Schiller heißt es:* Wie benimmt sich Goethe bei der Vergötterung, die er mit Shakespeare, Dante thei-

len muß? Wann werden wir ihn wieder in Lebensgröße auftreten sehen? / Finden *Sie* noch in dem Umgang dieses Titanen, was Sie vormals fanden? Schließt er sich in der Wirklichkeit an diese neuen Giganten, die er mit hervorbringen half? Baut er selbst mit an dem neuen Tempel, oder begnügt er sich damit ihn bauen zu lassen, wie so mancher Geweihte? *(Charlotte von Schiller und ihre Freunde. [Hrsg. von Ludwig Urlichs.] Bd 2. Stuttgart 1862. S. 387)*

24 Natur in allen ihren drey Reichen] *Gemeint sind vermutlich die »Reiche« des Anorganischen, Organischen und Geistigen (Menschlichen).*

29 das Falsche der Newtonischen Farbenlehre] *Die Wissenschaftsgeschichte hat erwiesen, daß Goethes Angriffe gegen Newton im wesentlichen des festen Grundes entbehrten.*

50 die Schlegelischen Gebrüder] *August Wilhelm Schlegel (1767–1845) und Friedrich Schlegel (1772–1829), mit denen Schiller auf Kriegsfuß stand, nicht zuletzt deshalb, weil sie, die ›Häupter‹ der sogenannten Jenaer Frühromantik, ihn öffentlich angegriffen hatten, während sie Goethe mit größter Bewunderung und Verehrung zugetan waren.*

75-76 in ein Verhältniß gerathen] *Goethe lebte seit 1788 mit Christiane Vulpius (1765–1816) zusammen.*

19 AN CHRISTOPH MARTIN WIELAND

Weimar 17. 8br. 1801. [Samstag]

Sie haben mir, mein herzlich verehrter Freund, zu Anfang dieses Jahrs mit Ihrem Sokrates und seiner Freundin Lais ein so angenehmes Geschenk gemacht, daß ich herzlich wünschte, es auf meine Art d. h. so gut als ichs habe, wieder wett machen zu können. Anstatt einer Hetäre sende ich Ihnen hier eine Jungfrau, und möchte diese nur keine schlechtere Figur unter den Jungfrauen spielen, als Ihre Lais unter den Freundinnen. Beide haben übrigens dieses mit einander gemein, daß sie zwey übel berüchtigte und liebenswürdige Damen wieder zu Ehren zu bringen suchen, und Sie werden mir zugeben, daß Voltaire sein möglichstes gethan, einem dramatischen Nachfolger das Spiel schwer zu machen. Hat er seine Pucelle zu tief in den Schmutz herabgezogen, so habe ich die meinige vielleicht zu hoch gestellt. Aber hier war nicht anders zu helfen, wenn das Brandmal, das er seiner Schönen aufdrückte, sollte ausgelöscht werden.

Leben Sie wohl mit Ihrem ganzen Hause

Schiller.

ERLÄUTERUNGEN

Handschrift (1 Doppelblatt 11,4 x 19,2 cm):
Goethe- und Schiller-Archiv Weimar

Schiller hatte während seiner ersten Weimarer Zeit (1787–1789) ein recht gutes Verhältnis zu Wieland (1733–1813), der ihn, da er ihm seinen »Teutschen Merkur« öffnete, entschieden förderte. Auch nach Schillers Umzug nach Jena blieb die Verbindung freundschaftlich. In den von ihm herausgegebenen »Historischen Calender für Damen« (für die Jahre 1791 bis 1793) nahm Wieland Schillers zweites großes historiographisches Werk, die »Geschichte des Dreyßigjährigen Kriegs«, auf. In späteren Jahren, als Schiller den nahen Umgang mit Goethe sorgsam pflegte, lockerte sich die Beziehung zu Wieland.

3 Sokrates und seiner Freundin] *Am 1. Januar 1801 hatte Schiller von Wieland die beiden ersten Teile von dessen Briefroman »Aristipp und einige seiner Zeitgenossen«, erschienen 1800 bei Göschen in Leipzig, erhalten. Sokrates und die schöne Hetäre Lais sind die Hauptfiguren des Romans.*
5 sende ich Ihnen hier eine Jungfrau] *Schillers Tragödie »Die Jungfrau von Orleans«. Der Dichter hatte am 15. Oktober zwölf Exemplare des Werks von seinem Berliner Verleger Johann Friedrich Unger (1753–1804) erhalten.*

8 wieder zu Ehren zu bringen suchen] *In Wielands Roman werden zwei Hetären gleichen Namens in einer Person idealisierend zusammengebracht.*
9 Voltaire] *In Voltaires Epos »La Pucelle d'Orleans« (Paris 1762) wird Johanna als derbe Bauernmagd, deren – für die Rettung Frankreichs unerläßliche – Jungfernschaft stets bedroht wird, der Lächerlichkeit preisgegeben. Nicht nur in seiner Tragödie, sondern auch in dem später geschriebenen Gedicht »Voltaires Püçelle und die Jungfrau von Orleans« (»Das edle Bild der Menschheit zu verhöhnen, / Im tiefsten Staube wälzte dich der Spott [...]«) hat Schiller eine Ehrenrettung Johannas unternommen. Vgl. NA 2 I, 129.*
14 mit Ihrem ganzen Hause] *Wieland und seine Frau Anna Dorothea, geb. von Hillenbrand (1746–1801), hatten 14 Kinder, von denen neun noch lebten. Wielands Frau starb am 8. November 1801 in Oßmannstedt.*

20 AN CHRISTOPHINE REINWALD

Weimar 24. May. 1800. [1802.] [Montag]

So ist denn unsre traurige Erwartung zur Gewißheit geworden, wir haben sie nicht mehr die treue liebevolle immer für ihre Kinder sorgsame Mutter, wir können nichts mehr für sie thun, ach und wie erscheint mir in diesem Augenblicke alles als Nichts, was ich für die liebe ewig theure zu thun glaubte. Das wenige was ich an sie gewendet, konnte ich ja entbehren, und sie hätte für uns ja gern das Unentbehrliche hingegeben. In Verhältnißen des Kindes zu den Aeltern haben nur persönliche Dienste einen Werth. Du, meine gute Schwester, hast diese redlich geleistet, da Du einen großen Theil Deines Lebens im väterlichen Hause lebtest und noch in den lezten Zeiten, als Du die schreckliche Lage während des Krieges und beim Sterbebette des lieben Vaters mit ihnen theiltest. Was habe ich gethan, das neben diesem noch einigen Werth haben könnte!

Unter diesen Umständen beschämt es mich, daß mir das wenige was ich an die liebe verewigte gewendet, durch ihre Verlaßenschaft mehr als erstattet wird. Hätte ich nicht die Pflichten für meine Kinder und nicht die Furcht vor künftigen kränklichen Tagen, so würde ich keinen Augenblick über den Gebrauch verlegen seyn, den ich von meinem Antheil an der Erbschaft zu machen hätte. Du kennst mich liebe Schwester und wirst es mir glauben dass nichts als jene höhere Pflicht mich daran hindern kann.

Herzlich umarme ich Dich und Deinen lieben Mann.

Dein ewig treuer
Bruder
Sch.

KORREKTUREN

13 an] *korrigiert aus* in
15 vor] *über gestrichen* für

ERLÄUTERUNGEN

Handschrift (1 Doppelblatt 11,4 x 18,8 cm):
Goethe und Schiller-Archiv Weimar

Aus dem Inhalt des Briefes ergibt sich die korrekte Jahreszahl.

Schiller hatte zu seiner ältesten Schwester Christophine (1757–1847), die seit 1786 mit dem Meininger Bibliothekar Wilhelm Friedrich Hermann Reinwald (1737–1815) verheiratet war, ein vertrauensvolles Verhältnis, das sich besonders in dem Gedankenaustausch über die nicht sonderlich glückliche Ehe der Schwester für diese als hilfreich erwies.

2 Gewißheit] *Am 29. April war Elisabetha Dorothea Schiller in Cleversulzbach gestorben.*

5-6 was ich an sie gewendet] *Nach dem Tod des Vaters (1796) hatte Schiller seiner Mutter vierteljährlich 30 Gulden durch Cotta zukommen lassen.*

10 die schreckliche Lage während des Krieges] *Französische Truppen hatten im Sommer 1796 Württemberg besetzt.*

10-11 beim Sterbebette des lieben Vaters] *Christophine, die bis 1786 im elterlichen Hause gelebt hatte, war von Mai bis September 1796 auf der Solitude gewesen, um den todkranken Vater zu pflegen. Vgl. den Brief Nr 12.*

14 Verlaßenschaft] *Schillers Anteil am mütterlichen Erbe betrug etwas über 920 Gulden.*

21 AN JOHANN WOLFGANG VON GOETHE

[Weimar, den] 22 Febr 1805. [Freitag]

Es ist mir erfreulich wieder ein paar Zeilen Ihrer Hand zu sehen, und es belebt wieder meinen Glauben, daß die alten Zeiten zurükkommen können, woran ich manchmal ganz verzage. Die zwey harten Stöße die ich nun in einem Zeitraum von 7 Monaten auszustehen gehabt, haben mich bis auf die Wurzeln erschüttert und ich werde Mühe haben, mich zu erhohlen.

Zwar mein jetziger Anfall scheint nur die allgemeine epidemische Ursache gehabt zu haben, aber das Fieber war so stark und hat mich in einem schon so geschwächten Zustand überfallen, daß mir eben so zu Muthe ist, als wenn ich aus der schwersten Krankheit erstünde und besonders habe ich Mühe eine gewiße Muthlosigkeit zu bekämpfen, die das schlimmste Uebel in meinen Umständen ist.

Ich bin begierig zu erfahren, ob Sie das Mscrpt des Rameau nun abgeschickt haben? Goeschen hat mir nichts davon geschrieben, wie ich überhaupt seit 14 Tagen nichts aus der Welt vernommen.

Möge es sich täglich und stündlich mit Ihnen beßern und mit mir auch, daß wir uns bald mit Freuden wieder sehen

S.

des H GehRath
v Goethe
Excellenz

ERLÄUTERUNGEN

Handschrift (1 Doppelblatt 12,7 x 19,9 cm):
Goethe- und Schiller-Archiv Weimar

2 ein paar Zeilen Ihrer Hand] *Vom selben Tag (vgl. NA 40 I, 290f.). – Goethe hatte zuletzt am 24. Januar an Schiller geschrieben (vgl. NA 40 I, 279f.). Wenig später war er an einer Lungenentzündung erkrankt, der heftige, durch eine Nierenkolik ausgelöste Krämpfe folgten.*

3 die alten Zeiten] *Gemeint sind wohl die Zeiten der regen Korrespondenz, vielleicht auch die Zeiten besseren gesundheitlichen Befindens.*

4 Die zwey harten Stöße] *Schiller war im Juli 1804 (wieder einmal) schwer erkrankt und hatte sich erst im Oktober einigermaßen erholt; nach vier Wochen war das Übel zurückgekehrt und machte dem Dichter in den nächsten drei Monaten das Leben schwer.*

12 Mscrpt des Rameau] *Goethe hatte die Übersetzung des philosophischen Dialogs »Le neveu de Rameau« von Denis Diderot abgeschlossen. Das Manuskript des Werkes, das in Frankreich noch nicht veröffentlicht war, stammte aus St. Petersburg und war Goethe von dort auf Umwegen zugekommen. Am 24. Februar schickte Goethe die Übersetzung an Schiller, der sie einen Tag darauf an den Verleger Göschen nach Leipzig weitersandte (vgl. NA 32, 195 f.). Das Werk erschien im Mai 1805.*

15 mit Ihnen beßern] *Goethe erholte sich von seiner Krankheit nur langsam; im März verschlimmerte sich sein Zustand noch einmal, und als Schiller starb (am 9. Mai), war er noch nicht wieder völlig genesen.*

16 wieder sehen] *Schiller besuchte Goethe am 1. März.*

22 AN CHRISTIAN GOTTFRIED KÖRNER

Weimar 25. April 1805. [Donnerstag]

Die beßere JahrsZeit läßt sich endlich auch bei uns fühlen und bringt wieder Muth und Stimmung; aber ich werde Mühe haben, die harten Stöße, seit neun Monaten, zu verwinden und ich fürchte, daß doch etwas davon zurückbleibt; die Natur hilft sich zwischen 40 und 50 nicht mehr so als im 30 sten Jahr. Indeßen will ich mich ganz zufrieden geben, wenn mir nur Leben und leidliche Gesundheit bis zum 50 Jahr aushält —

Goethe war sehr krank an einer Nierencholik mit heftigen Krämpfen, welche zweymal zurückkehrte. D. Stark zweifelt, ihn ganz herstellen zu können. Jezt hat er sich wieder ganz leidlich erhohlt, er gieng so eben aus meinem Zimmer, wo er von einer Reise nach Dresden sprach, die er diesen Sommer zu machen Lust hat. Arbeiten kann er in seinen jetzigen Gesundheitsumständen freilich nicht, und gar nichts vornehmen ist wider seine Natur. So ist ihm am besten gerathen, wenn er unter Kunstanschauungen lebt, die ihm einen gebildeten Stoff entgegen bringen.

Er hat diesen Winter doch nicht unthätig zugebracht. Außer einigen sehr geistvollen Recensionen in der Jenaischen Zeitung hat er ein ungedrucktes Mscrpt Diderots, welches uns ein glücklicher Zufall in die Hände brachte, übersezt und mit Anmerkungen begleitet. Es kommt unter dem Titel: Rameau's Neffe bei Göschen heraus u. ich schicke Dirs, sobald es gedruckt ist. Diderots Geist lebt ganz darinn, und auch Goethe hat den seinigen darinn abgedruckt. Es ist ein Gespräch welches der (fingierte) Neffe des Musicus Rameau, mit Diderot führt; dieser Neffe ist das Ideal eines Schmarotzers, aber eines Heroen unter dieser Klaße, und indem er sich schildert, macht er zugleich die Satyre der Societät, und der Welt, in der er lebt und gedeiht. Diderot hat darinn auf eine recht leichtfertige Art die Feinde der Encyclopædisten durch gehechelt, besonders Palissot, und alle guten Schriftsteller seiner Zeit an dem Gesindel der Winkelcritiker gerächet – dabei trägt er über den großen Streit der Musicer zu seiner Zeit seine Herzensmeinung vor, und sagt sehr viel vortrefliches darüber.

Außer dieser Arbeit hat Goethe auch ungedruckte Briefe von Winkelmann drucken laßen und mit seinen Zusätzen und Bemerkungen begleitet. Auch diese Schrift wird Ostern heraus kommen. Poetisches ist nichts entstanden.

Ich bin zwar jezt ziemlich fleißig, aber die lange Entwöhnung von der Arbeit und die noch zurückgebliebene Schwäche laßen mich doch nur langsam fortschreiten. Wenn ich Dir auch gleich meinen Gegenstand nennte, so würdest Du Dir doch keine Idee von meinem Stücke machen können, weil alles auf die Art ankommt wie ich den Stoff nehme und nicht wie er wirklich ist. Der Stoff ist historisch und so wie ich ihn nehme, hat er volle tragische Größe und könnte in gewißem Sinn das

Gegenstück zu der Jungfrau v Orleans heissen, ob es gleich in allen Theilen davon verschieden ist.

Von Hubers Wittwe mußt Du Dich losmachen sobald Du kannst. Mit diesen schlechten Naturen beschmutzt man sich nur und ist nichts als Verdruß zu gewinnen. Welche Impertinenz hatte das Weib, sich nur an Dich zu wenden, sie kann noch mehr thun, wenn Du sie nicht abschreckst.

Ist Dir der Neckerische Nachlaß, den seine Tochter herausgab, zu Gesicht gekommen? Wo nicht, so will ich Dir ihn schicken. Es wird Dich doch interessieren, diese Schrift zu lesen, die alle Kläffer in Paris gegen Madame Stael in Bewegung sezte. Sie lobt ihren Vater freilich zu unverschämt, aber es steht ihr nicht übel. Das Buch enthält gerade nicht viel wichtiges aber doch manches curiose, worunter ein kleiner Roman von dem alten Necker eine seltsame Figur macht.

Herzlich grüßen wir euch alle

Lebewohl Dein

Sch.

KORREKTUREN

3 werde] *korrigiert aus* würde

4 verwinden] in *vielleicht korrigiert aus* ei

35 Stücke] tü *vielleicht korrigiert aus* ch

48 curiose,] *Komma korrigiert aus Punkt*

ERLÄUTERUNGEN

Handschrift (1 Doppelblatt 18,6 x 22,9 cm):
Stadtarchiv Hannover

3 die harten Stöße] *Vgl. die Erläuterungen zum Brief Nr 21.*

4 etwas davon zurückbleibt] *Am 9. Mai starb Schiller.*

8 Goethe war sehr krank] *Vgl. die Erläuterungen zum Brief Nr 21.*

9 Stark] *Johann Christian Stark (1753–1811), Professor der Medizin in Jena, Goethes und Schillers Hausarzt.*

11 Reise nach Dresden] *Dazu kam es nicht.*

16 Recensionen] *Am 13. und 14. Februar waren nicht weniger als sieben Rezensionen Goethes in der »Jenaischen Allgemeinen Literatur-Zeitung« erschienen, darunter eine über Johann Peter Hebels »Allemanische Gedichte« und eine andere über die Tragödie »Regulus« des Wiener Dramatikers Heinrich Josef Collin. Vgl. NA 32, 564.*

18 Rameaus's Neffe] *Vgl. die Erläuterungen zum Brief Nr 21.*

24 leichtfertige] *Im Sinne von »mühelos« oder auch »mutwillig«.*

24-25 Encyclopædisten] *Die Gründer, Herausgeber und wichtigsten Mitarbeiter der »Encyclopédie ou Dictionnaire des sciences, des arts et des métiers« (28 Bde, Paris 1751–1772; 5 Erg.-Bde, Amsterdam 1776/77; außerdem »Table analytique et raisonnée«, 2 Bde, Paris 1780): Denis Diderot (1713–1784), Jean Baptiste le Rond d'Alembert (1717–1783), Jean-Jacques Rousseau (1712–1778), Voltaire (d. i. François Marie Arouet, 1694–1778), Étienne Bonnot de Condillac (1715–1780), Paul Heinrich Dietrich Baron von Holbach (1723–1789), Anne Robert Jacques Turgot, Baron de l'Aulne (1727–1781), Charles de Secondat, Baron de Montesquieu (1689–1755), Jean François Marmontel (1723–1799).*

25 Palissot] *Charles Palissot de Montenoy (1730–1814).*

29 ungedruckte Briefe von Winkelmann] *Goethe hatte im Februar 1804 in der »Jenaischen Allgemeinen Literatur-Zeitung« (»Intelligenzblatt«, Nr 26) »Ungedruckte Winkelmannische Briefe« in Regestform veröffentlicht. Die 27 Briefe hatte er danach seiner Schrift »Winkelmann und sein Jahrhundert. In Briefen und Aufsätzen« im vollen Wortlaut eingefügt. Diese Schrift erschien, von Cotta verlegt, ebenfalls (wie »Rameau's Neffe«) im Mai 1805.*

35 meinem Stücke] *Schiller arbeitete bis zu seinem Tod an seinem Trauerspiel »Demetrius«, das zu großen Teilen fertig wurde. Vgl. NA 11.*

40 Von Hubers Wittwe *bis* losmachen] *Ludwig Ferdinand Huber war am 24. Dezember 1804 gestorben. Seine Witwe Therese, geb. Heyne, verw. Forster (1764–1829), wünschte, daß Körner ihr die an ihn adressierten Briefe ihres Mannes für eine geplante Biographie des Verstorbenen überlassen möge (vgl. NA 40 I, 313). Körner erfüllte diesen Wunsch. – Schillers und Körners Groll gegenüber Huber und seiner Frau resultierten daraus, daß Huber sich 1788 von seiner Verlobten Dora Stock, der Schwägerin Körners (vgl. die Erläuterungen zum Brief Nr 4), getrennt hatte und bald darauf in Mainz, wo er als Legationssekretär eine Anstellung gefunden hatte, Therese Forster nahegekommen war, die er nach dem Tod Johann Georg Forsters (1794) heiratete. Auf die Nachricht von Hubers Tod hatte Schiller allerdings im Brief an Körner vom 20. Januar 1805 versöhnliche Töne angeschlagen:* Hubers Tod wird euch, so wie auch mich, sehr betroffen haben, und ich mag jezt noch nicht gern daran denken. Wer hätte das erwartet, daß Er uns zuerst verlaßen müßte! [...] Ich bin gewiß, daß ihr jezt auch sein großes Unrecht gegen euch gelinder beurtheilt, er hat es gewiß tief empfunden und hart gebüßt. *(NA 32, 187)*

44 der Neckerische Nachlaß] *Manuscrits de Mr. Necker, publiés par sa fille. Genf 1805. – Anne Louise Germaine de Staël-Holstein (1766–1817), die Tochter des französischen Politikers Jacques Necker (1731–1804), hatte im Winter 1803/04 Weimar besucht und war gelegentlich mit Schiller zusammengekommen. – In seiner Antwort vom 5. Mai, die Schiller nicht mehr erreichte, bat Körner um die Zusendung der Schrift (vgl. NA 40 I, 319).*

48-49 ein kleiner Roman] *Suites funestes d'une seule faute (in: Manuscrits [...], S. 229–347).*

Frontispiz: Friedrich Schiller, Portrait von Johann Friedrich August Tischbein, 1805.
© Schiller-Nationalmuseum / Deutsches Literaturarchiv, Marbach a. N.

Erste Auflage 2004
© 2004 DuMont Literatur und Kunst Verlag, Köln
Alle Rechte vorbehalten
Ausstattung und Umschlag: Christine Schneyer
Herstellung: Peter Kainrath
Gesetzt aus der Stempel Garamond
Gedruckt auf säurefreiem und chlorfrei gebleichtem Papier
Satz: Greiner & Reichel, Köln
Reproduktion, Druck und Verarbeitung:
GZD, Grafisches Zentrum Drucktechnik, Ditzingen
Printed in Germany
ISBN 3-8321-7884-8